I0422353

"IL MIO NOME È...BAGIGIO"

VOLUME UNO

BARBARA CAMILLI
DIEGO MARCHESIN

QUANDO IN GRAVIDANZA PENSAVO A MIO FIGLIO LO SENTIVO SIMPATICO, GIOCHERELLONE ED ESTREMAMENTE CURIOSO. LO VEDEVO CON UN VISO CHE ESPRIMEVA SEMPRE IL SORRISO.

E COSÌ FU!

QUANDO NELLA CULLA DORMIVA MI DELIZIAVO A NARRARE LE SCOPERTE DI OGNI GIORNO. AD ABBAGLIARMI ERA IL MODO IN CUI GUARDAVA IL MONDO E LETTERALMENTE LO ASSAPORAVA CON GLI OCCHI, LE MANI, L'UDITO ED ANCHE IL GUSTO.

WHITMAN NELLA RACCOLTA "FOGLIE D'ERBA" DESCRIVE L'INCONTRO DI UN BAMBINO CON IL MONDO ATTRAVERSO UN TERMINE CHE RENDE PIENAMENTE IL SENSO DI APPAGAMENTO CHE UN BAMBINO TRAE DALLA CONOSCENZA. "C'ERA UN BAMBINO CHE USCIVA OGNI GIORNO, E IL PRIMO OGGETTO CHE OSSERVAVA, IN QUELLO SI TRASFONDEVA, E QUELL'OGGETTO DIVENTAVA PARTE DI LUI PER QUEL GIORNO O PER PARTE DEL GIORNO O PER MOLTI ANNI O VASTI CICLI DI ANNI...." (CIT. W. WHITNAM)

TRASFONDERE EQUIVALENTE DI FONDERSI CON, PER ESSERE PARTE DI CIÒ CHE VIVO COMPLETAMENTE.

COSÌ È PER I BAMBINI.

NOI ADULTI IMPARIAMO AD ASCOLTARLI NON SOLO AD OSSERVARLI. SE LI ASCOLTO LI SENTO NEL LORO EMOZIONARSI DAVANTI A QUALSIASI COSA. ED È IN QUEL PRECISO MOMENTO CHE MI COGLIE LO STUPORE, QUELLO DI EMOZIONARMI DOPO TANTO TEMPO INNANZI ALLA

SEMPLICITÀ DATA DA UNO SGUARDO, UN SORRISO, UNA CAREZZA.

IL GENITORE NEL SUO ESSERE GENITORE DEVE SAPER GESTIRE IN MANIERA SPECIALE QUESTA DIMENSIONE CON IL PROPRIO FIGLIO. LA DIMENSIONE DELLA RELAZIONE, DOVE, A PARTE LA PROPRIA ESPERIENZA DI VITA VISSUTA NON ESISTE ALCUNA SCUOLA.

IO DICO SEMPRE CHE IL FIGLIO RAPPRESENTA UNA POSSIBILITÀ PER L'ADULTO: QUELLA DI RIVISITARE ALCUNE PARTI DI SÈ CHE HANNO GIOITO NELL'INFANZIA MA CHE POSSONO ANCHE AVER SOFFERTO. TENENDO BEN A MENTE CHE OGNI FIGLIO È UN'ESPERIENZA A SÈ, DIVERSA E NUOVA RISPETTO AD ALTRE GRAVIDANZE SE CI SONO STATE.

DOTTORESSA BARBARA CAMILLI

PREMESSA

HO AVUTO IL PRIVILEGIO DI LEGGERE LE AVVENTURE DI BAGIGIO IN ANTEPRIMA ... E NE SONO STATO RAPITO!

SONO RACCONTI VISTI CON GLI OCCHI DI UN BAMBINO CHE VIVE A PIENE MANI LA MERAVIGLIOSA AVVENTURA DELLA VITA.

DI UNA VITA VISSUTA CON GIOIA, LIBERTÀ DI FARE, GIOCOSITÀ ED UN HUMOR TUTTO SPECIALE.

LE AVVENTURE DI BAGIGIO RIFLETTONO LA PIÙ DIVERTENTE, BELLA ED AMOREVOLE ESPERIENZA DI UN BIMBO E DEI SUOI STUPENDI GENITORI, CHE NON HANNO CONCESSO ALLA FREDDEZZA ED ALLO STRESS DELLA "VITA DEGLI ADULTI" DI INTERFERIRE NELLA SEMPLICITÀ E NEL DIVERTIMENTO DEL LORO PICCOLO, DI SE STESSI E DEI LORO AMICI.

GOLOSO, DIVERTENTISSIMO E COLMO D'AMORE!

FRANCO BALLARA

MESSAGGIO DELLA SIGNORINA OFELIA

CARI MAMME E PAPÀ CHE LEGGERETE QUESTE FIABE AI VOSTRI BIMBI NELLE LUMINOSE SERE D'ESTATE OPPURE D'INVERNO, QUANDO IL BUIO RENDE DIFFICILE SEPARARE IL POMERIGGIO DALLA NOTTE, POICHÉ TRASCORREREMO INSIEME, PUR SE "A DISTANZA" UN PO' DI TEMPO, VORREI CI CONOSCESSIMO UN PO' MEGLIO.

CHI VI SCRIVE È LA SIGNORINA OFELIA, LA FANCIULLA UN PO' CRESCIUTA E UN PO' NO, SEMPRE PRONTA A COMMUOVERSI DI FRONTE AI VARI EVENTI DELLA VITA.

AMO SFORNARE BISCOTTINI, LASAGNE, TORTE E SUPPLÌ, SFERRUZZARE ALL'UNCINETTO E RICAMARE A PUNTO CROCE QUANTO ANDAR PER MOSTRE D'ARTE (SOPRATTUTTO MODERNA, ANCHE SE LA COSA VI STUPIRÀ!) ED ASCOLTARE MUSICA. TRASCORRO LE DOMENICHE A TEATRO ED AMO RIFUGIARMI NEI CINEMA D'ESSAI DURANTE LA SETTIMANA, QUANDO CI SONO POCHISSIMI SPETTATORI E POSSO IMMERGERMI COMPLETAMENTE NELL'ATMOSFERA CHE SI CREA VIA VIA CHE LA PELLICOLA SCORRE.

MI SAREBBE PIACIUTO AVERE UNA CASETTA GRAZIOSA IN CUI POTER DELIZIARE CON LA MIA CUCINA IL MIO PRINCIPE AZZURRO, CON CUI AVREI VOLENTIERI DIVISO SERATE DI LETTURA E PASSEGGIATE ROMANTICHE MA NONOSTANTE LA MIA BUONA VOLONTÀ, AL MOMENTO IL SOGNO È RIMASTO TALE.

LEGGERETE QUALCHE AVVENTURA IN CUI È PRESENTE ANCHE IL MIO ATTUALE FIDANZATO, MA DI LUI PREFERIREI NON PARLARE, PER SCARAMANZIA, CAPIRETE!...

COME TUTTI I ROMANTICI, A VOLTE DIVENTO MALINCONICA E MI SEMBRA DI VEDERE TUTTO GRIGIO, MA QUANDO STO PER METTERE MANO AL FAZZOLETTO, COME PER MAGIA SENTO SUONARE IL CAMPANELLO E TROVO SULL'USCIO BAGIGIO ACCOMPAGNATO DA MAMMA E PAPÀ, ED È SUBITO FESTA!

VI CONFESSERÒ: DOPO ANNI TRASCORSI NELLO SCETTICISMO PIÙ TOTALE, GRAZIE A BAGIGIO HO DOVUTO RICREDERMI: IL COLPO DI FULMINE ESISTE, ECCOME!

NON SOLO, MA COL TEMPO ESSO CRESCE E SI EVOLVE IN AMORE SCONFINATO!

SIGNORI PAPÀ, NON FATE QUELLA FACCIA IRONICA SOLO PERCHÉ STATE LEGGENDO A VOCE ALTA E NON VOLETE DIMOSTRARE ALLE MAMME CHE ANCHE VOI, SOTTO SOTTO, SIETE DEI ROMANTICONI!

SONO CONVINTA CHE OGNUNO DI NOI, PAPÀ COMPRESI, VIVA QUALCHE MOMENTO IN CUI SI SENTE FRAGILE E VORREBBE RICEVERE TANTE E TANTE COCCOLE, COME QUANDO DA PICCINO CORREVA DALLA MAMMA PER FARSI RIEMPIRE DI BACI.

IL BAMBINO CHE È IN NOI E CHE È CRESCIUTO, BENE O MALE OGNI TANTO SI FA SENTIRE E RICHIAMA LA NOSTRA ATTENZIONE.

A VOLTE SOTTO FORMA DI TENEREZZA ED ALTRE CON INSOFFERENZA AI CAPRICCI DEL PROPRIO BIMBO. VORREI

CHIEDERVI DI NON FINGERE DI NON PROVARE NULLA, MA DI ASCOLTARE IL BAMBINO CHE VIVE NEL VOSTRO CUORE E DI ASSECONDARLO.

E' UN PICCOLO SEGRETO CHE RESTERÀ SOLO E SOLTANTO VOSTRO, MA VI CONSENTIRÀ DI ESSERE MADRE O PADRE MIGLIORI, E SOPRATTUTTO PERSONE MIGLIORI.

E TUTTE LE PERSONE CHE VI CIRCONDANO RICEVERANNO MOLTO PIÙ AMORE DA VOI, E CONTRIBUIRETE A CREARE UN MONDO MENO INDIFFERENTE E PIÙ CALDO, IN CUI I VOSTRI FIGLI POSSANO CRESCERE COM'È LORO DIRITTO.

ED I LORO DIRITTI SONO VOSTRI DOVERI: DOVETE SAPER GARANTIRE AI BAMBINI UN'INFANZIA SPENSIERATA ED ACCOMPAGNATA DA COCCOLE E ATTENZIONI, PERCHÉ UN DOMANI POSSANO DONARE IL PATRIMONIO D'AMORE CHE AVETE DATO LORO, ACCRESCIUTO DAL LORO PERCORSO DI VITA CHE LI AVRÀ RESI GENEROSI E POSITIVI ADULTI. SE IL BAGIGIO DI OGGI SARÀ DOMANI UN GRANDE PADRE E UN GRANDE NONNO, LO SARÀ GRAZIE AD UNA MAMMA ED UN PAPÀ SPECIALI, CHE LO HANNO DESIDERATO, ATTESO, E SOPRATTUTTO AMATO, COMPLICI NELL'AMORE CHE LI LEGA.

ACCIDENTI, HO GLI OCCHI LUCIDI E MI STA VENENDO UN MAGONE CHE FATICO A CAMUFFARE E NON VORREI MI SI SCIOGLIESSE IL TRUCCO. MA A VOLTE È BELLO ANCHE LASCIARSI ANDARE E PIANGERE DI COMMOZIONE, RINGRAZIANDO LA VITA PER GLI ARCOBALENI CHE CI

REGALA DEL TUTTO INASPETTATAMENTE, DOPO I TEMPORALI CHE CI LASCIANO GRONDANTI D'ACQUA.

IN UN ATTIMO SENTIAMO UNA GRANDE ENERGIA INVADERE OGNI CELLULA DEL NOSTRO CORPO E LA MERAVIGLIA CI SCALDA IL CUORE!

MA NON È L'ESTATE DELL'ANIMA, CARI MIEI: È CHE SE NON MI SBRIGO AD ABBASSARE IL FORNO, ADDIO TORTA AL CIOCCOLATO, ALTRO CHE...

MI RACCOMANDO, FATE FINTA DI NIENTE E NON DITE CHE SI SENTE UN PROFUMINO PARADISIACO, ALTRIMENTI IL PAPÀ DI BAGIGIO IRROMPE IN CUCINA E, CON LA SCUSA DI PROPORSI (AUTOELEGGENDOSI) COME ASSAGGIATORE UFFICIALE, LA FA SCOMPARIRE IN UN ATTIMO. PER FORTUNA HO PREPARATO (E NASCOSTO) UNA TORTA DI RISO E DELLE MELE AL CARTOCCIO, PERCHÉ, PREVENIRE È MEGLIO CHE CURARE, E NOI CI SIAMO CAPITI...

E DICIAMOCELA TUTTA: CREDETE PROPRIO CHE SENZA I MIEI MANICARETTI IL PAPÀ DI BAGIGIO SAREBBE COSÌ SIMPATICO, LA MAMMA DI BAGIGIO RIUSCIREBBE A STARE IN PIEDI DOPO UNA NOTTATA TRASCORSA A CULLARE IL NOSTRO EROE INSONNE E LUI STESSO POTREBBE, E VI GARANTISCO CHE SI TRATTA DELLA PURA VERITÀ, ESSERE IL BAMBINO PIÙ BELLO DEL MONDO? NON ESISTE UNA RICETTA PARTICOLARE, NÉ UN INGREDIENTE SEGRETO, ANZI, SÌ: È INDISPENSABILE METTERE SEMPRE, E IN TUTTO CIÒ CHE SI FA, TANTO E TANTO AMORE.

LUNGA VITA A BAGIGIO!

LA SIGNORINA OFELIA

ALLE PRESE CON LO SPADONE

IL MOMENTO DEL LAVAGGIO PER BAGIGIO ERA DIVENTATA UN'OCCASIONE DAVVERO SPECIALE. SIA CHE SI DOVEVA CAMBIARE IL PANNOLINO, SIA CHE SI DOVEVA LAVARE IL VISO O LE MANI, TOCCARE L'ACQUA PER LUI ERA UN MOMENTO ESCLUSIVO. AVREBBE PASSATO ORE E ORE DAVANTI AL MISCELATORE PER VEDERE I ZAMPILLI DELL'ACQUA.

DA TEMPO CI PROVAVA AD AFFERRARLA MA PROPRIO NON CI RIUSCIVA. L'ACQUA ERA PIÙ SVELTA DI LUI.

LA MAMMA CON IL TEMPO AVEVA IMPARATO AD ESSERE RAPIDA NEL LAVARLO SENZA NULLA TOGLIERE AL PIACERE DEL CONTATTO CON L'ACQUA. ESSERE RAPIDI ERA DIVENTATO NECESSARIO PER EVITARE CHE IL BAGNO SI TRASFORMASSE NELLE CASCATE DEL NIAGARA, COME GIÀ ERA CAPITATO UNA VOLTA A CASA DELLA NONNA. QUELLA VOLTA NEL LAVARLO DOPO IL CAMBIO DEL PANNOLINO LA NONNA, IGNARA, VOLLE CREARE UNA PICCOLA VASCA NEL LAVANDINO (DI PER SÉ GIÀ MOLTO PICCOLO. TUTTI SANNO QUANTO È GRANDE UN LAVANDINO!?), PER BAGIGIO FU UNA VERA DELIZIA. VEDERE TUTTA QUELL'ACQUA, FU PER LUI COME UN TUFFO ALLE ORIGINI. DOPO ESSERSI RIPRESO DA TANTA FELICITÀ SI STAMPÒ IN VISO UN SORRISO GENGIVOSO E LÌ EBBE INIZIO QUELLA CHE FU CHIAMATA "OPERAZIONE NIAGARA".

SOLLEVATI I PIEDI E LE MANI SI DIRESSE CON TUTTA LA SUA FORZA VERSO L'ACQUA ROVESCIANDONE BUONA

PARTE FUORI DAL LAVANDINO. COSÌ FACENDO SPECCHI, MARMI E LO STESSO PAVIMENTO ABBRACCIARONO CON GAUDENTE SOLERZIA QUELLO CHE GENEROSAMENTE BAGIGIO AVEVA OFFERTO LORO: ACQUA A VOLONTÀ!!!

STARE NEL LAVANDINO PER BAGIGIO ERA UN VERO PIACERE. L'ACQUA LO FACEVA SENTIRE BENE. MA NON SOLO L'ACQUA. APPENA ALZAVA LO SGUARDO QUALUNQUE COSA LO ATTIRAVA SUSCITANDO FONTE DI ISPIRAZIONE, COME QUELLA VOLTA IN CUI INIZIÒ L'ARTE DEL TAI CHI CHUAN, ANTICA ARTE MARZIALE CINESE BASATA SUL CONCETTO TAOISTA DI YING-YANG,

12

L'ETERNA ALLEANZA DEGLI OPPOSTI: ZUPPA E CICCIA, MELA E PERA, CIUCCIO BLU E CIUCCIO ROSSO, NON DORMIRE DI GIORNO E NON DORMIRE DI NOTTE, PANNOLINO DRY O PANNOLINO WET....DI TUTTO QUESTO MAMMA E PAPÀ ERANO IGNARI. NON IMMAGINAVANO FINO A CHE PUNTO SI SPINGESSE IL SUO INTERESSE.

DOPO LE TRAVERSATE, LE NUOTATE, LE SCALATE E LE MANGIATE ERA ORA DEL TAI CHI CHUAN. LA PRATICA DEL TAI CHI CHUAN, INFATTI, CONSISTE PRINCIPALMENTE NELL'ESECUZIONE DI UNA SERIE DI MOVIMENTI LENTI E CIRCOLARI CHE RICORDANO UNA DANZA SILENZIOSA, MA CHE IN REALTÀ MIMANO LA LOTTA CON UN OPPONENTE IMMAGINARIO. PERSONAGGIO QUESTO DI CUI VI SAPREMO DIRE PIÙ AVANTI!!!

TUTTO EBBE INIZIO UN GIORNO, DURANTE IL CAMBIO DEL PANNOLINO. QUEL GIORNO MENTRE LA MAMMA LO STAVA LAVANDO, BAGIGIO AFFERRÒ RAPIDAMENTE QUELLO CHE AI SUOI OCCHI ERA UNO "SPADONE". ANZI "LO SPADONE".

CON SCATTO FELINO PRESE LO SPADONE TRA LE MANI SENZA CHE LA MAMMA LO NOTASSE. FINITO DI RINFRESCARLO LO PORTÒ NEL FASCIATOIO PER IL CAMBIO E LA VESTIZIONE. MA QUEL GIORNO DIVERSAMENTE DA TANTI ALTRI AVVENNE QUELLO CHE I PIÙ DEFINISCONO "RITO DI INIZIAZIONE". MENTRE LA MAMMA LO SISTEMAVA, BAGIGIO ERA ASSORTO A FARE ESERCIZI. PRESO LO "SPADONE" TRA LE MANI E CON ABILE MOSSA LO GIRÒ E RIGIRÒ TRA LE MANI. SEMBRAVA PROPRIO

COME BRUCE LEE IN "DALLA CINA CON FURORE" MENTRE SI ADDESTRAVA ALLE ARTI MARZIALI, GUARDANDO LO "SPADONE" AVEVA UN CIPIGLIO SERIO E INDAGATORE, LO PERLUSTRAVA DALL'ALTO AL BASSO SENZA MAI FERMARSI, FIGURARSI POI, DISTRARSI, LUI NON SAPEVA NEANCHE COSA VOLESSE DIRE, IN QUEI MOMENTI, MA SOLO IN QUEI MOMENTI USAVA DIRE: "DAI, DAI, DAI, MMMMMMMMM MMMMMMMMMM, DAI, DAI, DAI".

ERA COSÌ ASSORTO E CONCENTRATO CHE NEL GUARDARE E PARLARE ALLO "SPADONE" SEMBRAVA CHE SI STESSE GUSTANDO UN GHIOTTISSIMO POLLO ARROSTO CON PATATINE FRITTE E TORTA DI MELE. I SUONI GUTTURALI CHE EMETTEVA ERANO GLI STESSI, INFATTI SPESSO ALLA MAMMA NEL SENTIRLO VENIVA FAME, CON LA PRATICA QUOTIDIANA I MOVIMENTI DI BAGIGIO ERANO SEMPRE PIÙ PRECISI.

AFFERRAVA LO SPADONE DA UN ESTREMO PORTANDOLO ALLA BOCCA E, SOLO DOPO AVERLO GUSTATO CON L'ALTRA MANO, NE PRENDEVA IL CAPO OPPOSTO E LO RIGIRAVA, DICENDO: "MMMMMM, MMMMMM, DAI, DAI, OOOOOOOO, OOOOOOO, OOOOOOOOO, NGU!".

BAGIGIO ERA COSÌ CONCENTRATO CHE LA MAMMA RIUSCIVA A VESTIRLO SENZA PIANTI O URLI. ORAMAI BAGIGIO SI STAVA IMPOSSESSANDO NELL'ARTE MILLENARIA DEL TAI CHI CHUAN, UN'ARTE CHE RICHIEDE MOLTA CONCENTRAZIONE E DISCIPLINA INTERIORE.

MA SOPRATTUTTO CALMA E FERMEZZA. TUTTE QUALITÀ POSSEDUTE DA BAGIGIO.

GIORNO DOPO GIORNO I MOVIMENTI ERANO SEMPRE PIÙ RAPIDI E CHIARI. UN MOVIMENTO DOPO L'ALTRO. UNO DOPO L'ALTRO E BAGIGIO ERA SEMPRE PIÙ CAPACE.

MENTRE IL NOSTRO EROE SI AVVIAVA A REALIZZARE NUOVE POSIZIONI, LA MAMMA LO GUARDAVA AMOREVOLMENTE.

AD UN CERTO PUNTO PERÒ, UNA VOCE DAL CORSO CORRIDOIO... ..."MA DOV'È FINITO". SI DISSE IL PAPÀ. "NON SO PIÙ CHE FINE HA FATTO. TU LO HAI VISTO!"

"CHE COSA?" REPLICÒ LA MAMMA.

"IL MIO SPAZZOLINO DA DENTI" DISSE IL PAPÀ.

SORRIDENDO LA MAMMA SI SPOSTÒ MOSTRANDO AL PAPÀ DOVE ERA IL SUO SPAZZOLINO. BAGIGIO, CHE IN QUEL MOMENTO SI SENTÌ OSSERVATO, DISSE: "DAI, DAI, DAI, GU, GU" "QUESTO NON È IL TUO SPAZZOLINO, MA IL MIO SPADONE!!!" E COME SE NIENTE FOSSE, RIPRESE L'ANTICA ARTE DEL TAI CHI CHUAN.

IL PAPÀ, DIVERTITO, SCOPPIÒ IN UNA FRAGOROSA RISATA GUARDANDO IL SUO PICCOLO BAGIGIO CHE, NEL FRATTEMPO, MANEGGIAVA IL SUO SPAZZOLINO.

UNO SGUARDO OLTRE LA CARROZZINA

PASSANO I MESI E BAGIGIO CRESCE BENE. È LUNGO 71 CENTIMETRI E PESA 9,5 KG, MENTRE ALLA NASCITA NE PESAVA POCO PIÙ DI TRE. IL SUO CORPO DA NEONATO PRENDE SEMPRE PIÙ I LINEAMENTI DEL BAMBINO. ORA SEMBRA PROPRIO UN CICCIOBELLO. PARTICOLARISSIME LE MANINE, ED I PIEDINI POI CON GLI ALLUCI SEMPRE RIVOLTI ALL'IN SU, COME IMPEGNATI A FARE L'AUTOSTOP. SOLO CHE MI SEMBRA ALQUANTO PRESTO BAGIGIO FARE L'AUTOSTOP!! E POI, CON I PIEDI?!

CRESCE, CRESCE, CRESCE. ANCHE IL MODO DI GIOCARE E DI INTERAGIRE CON IL MONDO CRESCE. PRIMA COME OSSERVATORE ATTENTO CHE GUARDAVA E ASCOLTA TUTTO. POI COME ESPLORATORE ATTIVO, IDEATIVO E PROPOSITIVO, INTENTO A VEDERE IL MINIMO PARTICOLARE, ANCHE IN UNO STESSO OGGETTO.

ALL'INIZIO LE SCOPERTE ERANO CONCENTRATE DENTRO LA CARROZZINA. BAGIGIO ORAMAI NE CONOSCEVA OGNI ANGOLO E RISVOLTO. LA CARROZZINA ERA UNA PALESTRA FENOMENALE PER ESERCITARSI. VI FACEVA COSÌ TANTI ESERCIZI CHE TRA UNA FLESSIONE ED UN SOLLEVAMENTO SPESSO CROLLAVA IN UN SONNO PROFONDO. POI, AL RISVEGLIO, RIPARTIVA ALLA GRANDE, CON ALTRE FLESSIONI E SOLLEVAMENTI.

MA UN GIORNO LA GRANDE SCOPERTA!!

BAGIGIO AVEVA NOTATO UN CAMBIO DI PROSPETTIVA QUANDO LA MAMMA LO PRENDEVA IN BRACCIO, ED A

SECONDA DI COME LA MAMMA LO TENESSE, IL MONDO APPARIVA DRITTO O CAPOVOLTO, STATICO O IN MOVIMENTO, BELLO E CURIOSO O BELLISSIMO E CURIOSISSIMO!! IN EFFETTI DALLE BRACCIA DELLA MAMMA RIUSCIVA A DOMINARE MEGLIO GLI SPAZI APERTI ED IMMENSI INTORNO A LUI.

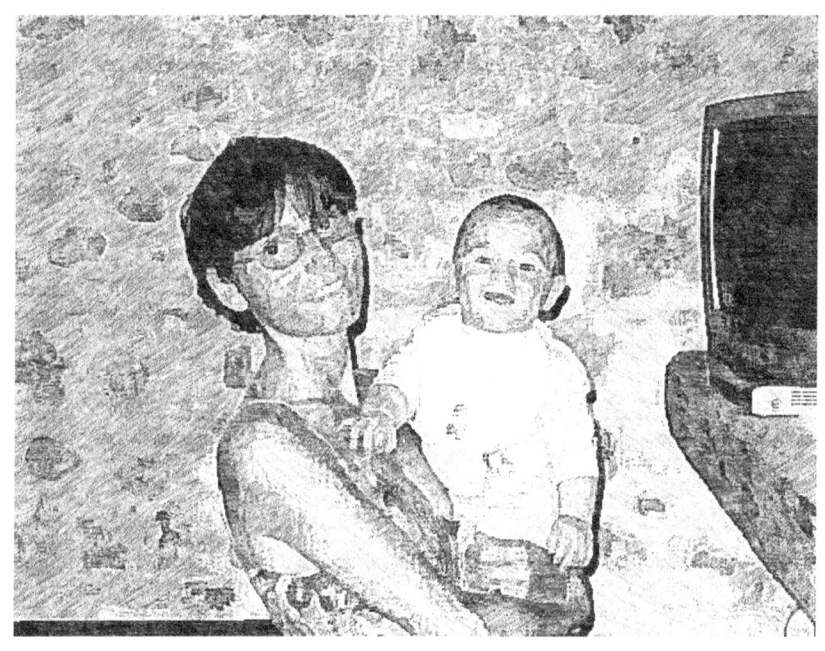

E FU DURANTE UNO DEI SUOI VIAGGI SULLE SPALLE MATERNE CHE IL NOSTRO EROE NOTÒ L'ULTIMO ACQUISTO DEL PAPÀ: L'INDOMABILE!!

PER BAGIGIO ORAMAI ERA VENUTO IL MOMENTO DEL GRANDE SALTO. GLI ORIZZONTI SI STAVANO ESPANDENDO OLTRE I CONFINI DELLA CARROZZINA. LA NUOVA FRONTIERA ERA LÌ. BASTAVA POCO E VI SAREBBE ARRIVATO.

LA NUOVA DESTINAZIONE? L'INFINITO.

LO STRUMENTO PER ARRIVARVI? L'INDOMABILE, "COSO DI DIMENSIONI STRATOSFERICHE" CHE MAESTOSO QUAL ERA, INCUTEVA ANCHE UN CERTO DISAGIO IN BAGIGIO.

UN GIORNO IL PAPÀ DECISE DI AIUTARE IL SUO PICCOLO NELLA STORICA IMPRESA. MENTRE LA MAMMA ERA INDAFFARATA, DECISE DI FAR FARE A BAGIGIO UN GIRETTO CON QUEL COSO PER LE VIE DI CÀ MIA.

QUATTO QUATTO, MISE BAGIGIO IN SELLA ALL'INDOMABILE ED ASSICURATOLO CON CINGHIE E CINGHIETTE INIZIÒ A SFRECCIARE PER LE VIE DI CÀ MIA.

COSÌ, DOPO I PRIMISSIMI SILENZIOSI TIMIDI MOVIMENTI, ECCO LA QUIETE DOMESTICA DEVASTATA DAI DIVERTITI "POT POT - POTI POTI - PISTA! LARGO! ARRIVIAMO NOIIIIIII" DEL PAPÀ CHE SPINGEVA ALLEGRAMENTE... L'INDOMABILE!!

CHE EMOZIONE SENTIRE TUTTA QUELLA BREZZA ACCAREZZARGLI IL VISO.

CHE DIVERTIMENTO VEDERE SFRECCIARE INTORNO A SÉ A GRANDE VELOCITÀ GLI OGGETTI CHE NORMALMENTE VEDEVA DA FERMO.

CHE LIBIDINE SENTIRE I CAPELLI NOVELLI SVOLAZZARE DIVERTITI. SEMBRAVA DI STARE IN UNA NAVICELLA SPAZIALE CON CAPITAN HARLOCK COME CONDOTTIERO.

"QUESTO PASSEGGINO È VERAMENTE MOLTO BELLO E FUNZIONALE. BAGIGIO CI STA PROPRIO COMODO. LE QUATTRO RUOTE A TRAZIONE POSTERIORE CON LE BARRE LATERALI IN ACCIAIO LO RENDONO BEN SOLIDO, PER NON DIRE DEL TOCCO DI CLASSE DELLE BELLISSIME RIFINITURE IN RADICA" SI DISSE IL PAPÀ, ORGOGLIOSO DELLA SPESA FATTA.

QUANDO LA MAMMA VIDE LA SCENA SI MISE A RIDERE FRAGOROSAMENTE. BAGIGIO SEMBRAVA UNA STATUA DI SALE LEGATA AL PASSEGGINO ED IMPERTERRITO SI GUARDAVA ATTORNO. L'AVVENTURA IN SELLA AL PASSEGGINO FU L'INIZIO DELLE GRANDI IMPRESE. DA LÌ PARTÌ LA SCALATA OLTRE I CONFINI DELLA CARROZZINA. SI SENTIVA SICURO COME NEL FILM "PASSAGGIO A NORD OVEST".

ALLENATO ERA ALLENATO; CON TUTTA LA PALESTRA CHE AVEVA FATTO! ERA SOLO QUESTIONE DI DARSI DA FARE, ANCHE SE UN AIUTINO AVREBBE FATTO COMODO!

E L'AIUTINO ARRIVÒ. FU LA MAMMA AD ACCORGERSENE PER PRIMA!! NOTÒ INFATTI STRANI SEGNI SUI MOBILI DELLA CUCINA E SUL PAVIMENTO, A RIDOSSO DEL TAVOLO. SUL SUBITO NON VI FECE MOLTO CASO; POI PERÒ LE PARVERO STRANI E DECISE DI GUARDARLI PIÙ DA VICINO. IN EFFETTI NON LE RICORDAVANO NULLA E MENTRE PULIVA NE NOTÒ ALTRI POCO PIÙ IN LA. SI DECISE

ALLORA DI PULIRE TUTTA LA CUCINA, GIÀ CHE C'ERA. MA QUANDO TROVÒ GLI STESSI SEGNI ANCHE IN BAGNO ED IN CORRIDOIO INIZIÒ A PREOCCUPARSI.

UN PO' INQUIETA SI MISE A PULIRE SCRUPOLOSAMENTE TUTTA LA CASA, SCOPRENDO COSÌ CHE QUESTI SEGNI ERANO UN PO' DAPPERTUTTO.

"CASPITA! NON CI SARÀ MICA QUALCHE STRANO ANIMALETTO IN CASA? E SE PUNGE IL MIO BAGIGIO?" SI DISSE LA MAMMA.

"E SE BAGIGIO LO VEDE E SI SPAVENTA?" PROSEGUÌ, POI PERÒ CI PENSÒ SU E RIDENDO SI CONSOLÒ DICENDOSI CHE SE MAI CI FOSSE STATO UN'INCONTRO RAVVICINATO DEL TERZO TIPO TRA L'INSETTO E BAGIGIO, IL RISCHIO ERA TUTTO A CARICO DELL'INCAUTO ANIMALETTO!

E COSÌ ARRIVÒ LA SERA ED ANCHE IL BABBO RIENTRÒ DAL LAVORO. E DOPO CENA, COM'ERA CONSUETUDINE, MENTRE MAMMA RASSETTAVA LA CUCINA, BAGIGIO SI MISE A GIOCARE ALLEGRAMENTE CON IL PAPÀ FINO ALLO SFINIMENTO TOTALE DI ENTRAMBI. IL GIORNO DOPO, PERÒ, LA MAMMA NOTÒ DI NUOVO UNA SERIE PREOCCUPANTE DI SEGNI ESATTAMENTE UGUALI A QUELLI DEL GIORNO PRIMA!!

CHE FARE? CHE DIRE? RIPULIRE TUTTA LA CASA E FAR FINTA DI NULLA?

CHIAMARE LA DISINFESTAZIONE? CHIAMARE I GHOSTBUSTER?

CONFUSA PER QUANTO STAVA CAPITANDO TELEFONÒ AL PAPÀ IN UFFICIO E GLI RACCONTÒ L'ACCADUTO.

"UN LADRO NON PUÒ ESSERE PERCHÉ NON MANCA NIENTE. COSA SARÀ!!" GLI DISSE.

"NIENTE PAURA, NIENTE DI TUTTO CIÒ. I SEGNI CHE TROVI PER CASA SONO I SEGNI DEL PASSAGGIO A NORD OVEST E A NORD EST DI BAGIGIO. SAI PERCHÉ LO SO, PERCHÉ GLI HO FATTO INDOSSARE IL MANTELLINO INTERGALATTICO ARANCIONE (DETTA ANCHE SALVIETTA DA LAVABO NDR) E L'HO FATTO VOLARE PER TUTTA CASA, ATTERRANDO DI TANTO IN TANTO SU SEDIE E QUANT'ALTRO. SCUSAMI, DEVE AVER LASCIATO SEGNI DI DITATE E DI SALIVA DAPPERTUTTO, MA SAPESSI COME SI È DIVERTITO!!".

"CHI SI È DIVERTITO: BAGIGIO O IL PAPÀ!!??" REPLICÒ LA MAMMA ALLEGGERITA DI UNA PREOCCUPAZIONE MA ANCHE UN PO' COMMOSSA DAL PENSIERO CHE IL SUO PICCOLO... STAVA CRESCENDO!

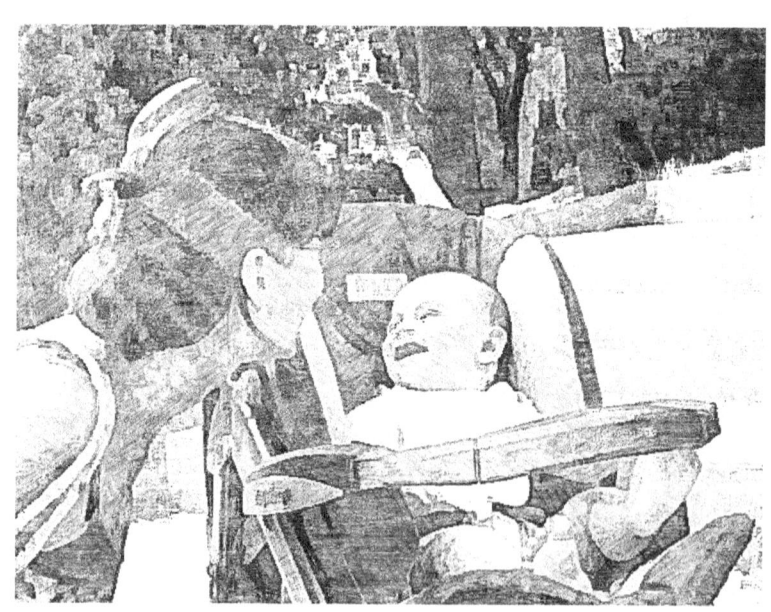

PER LE VIE DI CA MIA

QUEL GIORNO BAGIGIO SI ERA SVEGLIATO PRESTO. E QUANDO DICO PRESTO INTENDO MOLTO PRESTO. DOVETE SAPERE INFATTI CHE BAGIGIO ADORAVA ALZARSI ALLE SEI, MA QUELLA MATTINA, PER LA GIOIA DI MAMMA E PAPÀ, PENSÒ BENE DI SVEGLIARSI ALLE CINQUE E UN QUARTO. IL RISVEGLIO NON ERA STATO CAUSATO DA UN BRUTTO SOGNO O DA UN ATTACCO DI MAL DI PANCIA, MA

SI TRATTAVA DI UN PRECISO PROGRAMMA DI VIAGGIO CHE BAGIGIO AVEVA ORGANIZZATO LA SERA PRIMA. VOLEVA INFATTI PARTIRE PER LA SPEDIZIONE "ALLA SCOPERTA DI CÀ MIA" E NE AVEVA PARLATO ANCHE A CENA, A MAMMA E PAPÀ; INFATTI GLI AVEVA DETTO: "NGU, GU, NGUU, DAII, DAII, DAII,.........OOOOOOOH" MA PAREVA CHE I GENITORI, A PARTE SORRIDERE, COMPLIMENTARSI E PULIRGLI LA BOCCA DALLA PASTINA, NON AVESSERO CAPITO PROPRIO NULLA.

MA ORAMAI POCO IMPORTAVA, BAGIGIO AVEVA DECISO ED ERA QUASI PRONTO A PARTIRE.

DOVETE SAPERE CHE ERA MOLTO EMOZIONATO ALL'IDEA DI QUESTA GRANDE AVVENTURA. COSÌ EMOZIONATO CHE FECE ANCHE LA PIPÌ NEL FASCIATOIO MENTRE MAMMA LO CAMBIAVA.

DOPO UNA LAUTA COLAZIONE A BASE DI SCODELLA DI LATTE DI MAMMA E COCCOLE, SI SENTIVA ENERGICO E DI BUON UMORE.

AL MOMENTO DELLA VESTIZIONE DECISE COSA INDOSSARE, E PER UNO STRANO CASO DEL DESTINO, TUTTI GLI INDUMENTI SCELTI DA LUI COMBACIAVANO PERFETTAMENTE CON QUELLI SCELTI DA MAMMA. MISE I PANTALONI FELPATI VERDONI CON LE TASCHE LATERALI E LA MAGLIETTA BEIGE CON IL CIUCCIO, IL CUI COLORE ERA BEN COORDINATO CON IL RESTO. FINITO DI VESTIRSI LA MAMMA GLI ALZÒ IL BAVERO DELLA MAGLIETTA ALLA HUMPHREY BOGART E GLI FECE INDOSSARE I SUOI

SCARPONI DA TREKKING, CHE IL PAPÀ SI OSTINAVA A CHIAMARE CALZINI ANTISCIVOLO, E PARTÌ.

IL VIAGGIO ERA COMINCIATO. A DIRE LA VERITÀ UN PO' A RILENTO PERCHÉ MAMMA NON SI DECIDEVA AD ALLUNGARE IL PASSO. E GIÀ, PERCHÉ IL NOSTRO BAGIGIO AVEVA SÌ IMPARATO A CAMMINARE, MA NON ANCORA PERFETTAMENTE; SI SENTIVA PIÙ A SUO AGIO SE MAMMA LO TENEVA PER UNA MANINA.

COMUNQUE ERA PARTITO! E QUESTO ERA L'IMPORTANTE.

MA APPENA IN MOVIMENTO ECCO IL PRIMO GROSSO OSTACOLO. SOTTO DI LUI SI APRIVA UNA VORAGINE SPAVENTOSA CHE GLI DAVA A TRATTI VERTIGINI INCONTROLLABILI! CHE ANSIA, CHE PAURA, CHE TREMORI!!

POI FORTUNATAMENTE LA MAMMA LO MISE GIÙ DAL LETTONE E TUTTO ANDÒ SUBITO MEGLIO. BAGIGIO POTÉ COSÌ INIZIARE A TROTTERELLARE PER LA CAMERA DA LETTO. SUBITO, GIUNTO ALL'ANGOLO SETTIMINO E STACCATOSI CON DECISIONE DALLA MANO DELLA MAMMA, INIZIÒ LA PERLUSTRAZIONE DI QUELLA STRANA FIGURA CHE INDOSSAVA UN SACCO DI VESTITI: MA NON AVEVA CALDO? PENSAVA BAGIGIO. E POI PERCHÉ SE NE STAVA SEMPRE FERMO SENZA DIRE NULLA E SENZA MUOVERSI? QUANDO FINALMENTE RIUSCÌ AD AGGUANTARGLI UNA GAMBA, ECCO PAPÀ ARRIVARE DI CORSA E DIRE: "FERMO BAGIGIO O TI CADE ADDOSSO IL PORTA ABITI E POI SI CHE RIDIAMO!"

BAGIGIO SI IRRIGIDÌ E DECISE CHE NON ERA POI UN GRAN CHÉ QUELLO STRANO PERSONAGGIO.

CON IL SORRISO SULLE LABBRA, PRESE PAPÀ PER UNA MANINA E DETTÒ LA NUOVA ROTTA: "GHUUUU, N, AI, BOOO, GHUUU" (PER CHI NON HA CAPITO VOLEVA DIRE ANDARE IN CORSO CORRIDOIO - E PAPÀ NON AVEVA PROPRIO CAPITO).

AGLI OCCHI DI BAGIGIO INFATTI CORSO CORRIDOIO ERA UNA STRADA LUNGA E STRETTA: LA SUA PERSONALE ROUTE 66, LA NUOVA VIA EMILIA (MA ANCHE "VICOLO STRETTO", PER I NOSTALGICI DEL MONOPOLI), A TRATTI ANCHE POCO ILLUMINATA, SOPRATTUTTO QUANDO SPEGNEVANO LE LUCI. INSOMMA, SEMBRAVA IL GRAN CANYON! E POI ERA COSTELLATA DI STRANI OGGETTI. LE PARETI APPARIVANO LISCE E DIFFICILI DA SCALARE, MA SI RICORDAVA DI AVER VISTO, IN UNO DEI SUOI PRECEDENTI SOPRALLUOGHI VOLANTI (QUANDO CIOÈ LA MAMMA SE LO PORTAVA IN BRACCIO DALLA SALA ALLA CAMERA) UNA SORTA DI LETTO PER I LIBRI CHE AVEVA SENTITO CHIAMARE LIBRERIA DA PAPÀ! QUELLA ERA LA SUA META! LÌ SI SAREBBE POTUTO TENERE DA SOLO E SOPRATTUTTO ARRAMPICARSI CHISSÀ FINO A DOVE!

MA DAL FONDO DEL CANYON QUALCHE COSA ATTIRÒ LA SUA ATTENZIONE.

UN RUMORE SORDO E COSTANTE MA FAMILIARE ATTIRÒ BAGIGIO.

"NGHUUU, NGHUUU, EEEEEE" (PAPÀ, PAPÀ, ACCELERA!).

BAGIGIO ERA USCITO DA CORSO CORRIDOIO E DOPO AVER PASSATO VICOLO INGRESSO SI TROVÒ IN PIAZZA SOGGIORNO, ALL'OMBRA DELLA GALLERIA DEL TAVOLO (CHE ERA CHIUSA PER LAVORI CON SEDIE DAVANTI E DIETRO).

PROSEGUENDO IN DIREZIONE DEL RUMORE TROVÒ LA MAMMA TUTTA INDAFFARATA A GIOCARE CON UN OGGETTO STRANO E COLORATO.

LEI LO IMMERGEVA DENTRO UNA PENTOLA E QUESTO SI LAMENTAVA EMETTENDO DEGLI URLI SPAVENTOSI; POI LO TIRAVA FUORI E LUI DIVENTAVA SILENZIOSO DI COLPO.

FU A QUEL PUNTO CHE PAPÀ DISSE: "PENSO CHE BAGIGIO ABBIA VOGLIA DELLA SUA FRUTTA, HAI MICA FINITO DI FRULLARLA?".

E LA MAMMA: "SI CERTO, HO PROPRIO FINITO ADESSO. COMUNQUE, CREDO CHE QUESTO FRULLATORE SPAVENTI UN PO' BAGIGIO CON IL SUO RUMOROSO MOTORE, MAH".

NEL FRATTEMPO BAGIGIO ERA QUASI PRONTO E DECISO A DIRIGERSI VERSO LE MONTAGNE DEL DIVANO, QUANDO SI SENTÌ LEVITARE MISTERIOSAMENTE: PAPÀ AVEVA DECISO, SENZA PERALTRO CHIEDERGLI IL PERMESSO, DI SOLLEVARLO E SEDERLO DENTRO IL SEGGIOLONE.

E CONTEMPORANEAMENTE LA MAMMA SI STAVA AVVICINANDO CON UN CONTENITORE PIENO DI COSE CURIOSE ED INTERESSANTI.

FU COSÌ CHE BAGIGIO PENSÒ DI AVERE DAVVERO DUE GENITORI SPECIALI E, TRA UN CUCCHIAINO E L'ALTRO DI FRUTTA FRULLATA, CONTENTO E SODDISFATTO, DECISE CHE L'ATTRAVERSATA DELLE MONTAGNE DIVANOSE E DEL DESERTO DEL TAPPETO LE AVREBBE POTUTE AFFRONTARE ANCHE IL GIORNO SEGUENTE E.....RIGOROSAMENTE A PANCIA PIENA.

"GDE'" ...."COS'E'?"

DOPO ESSERE DIVENTATO PADRONE DELLA PROPRIA MANO (DALLE NOTEVOLI CAPACITÀ INVESTIGATIVE) E DOPO AVER FINALMENTE CONQUISTATO LA POSIZIONE ERECTUS IMPADRONENDOSI DELLE PROPRIE GAMBE (PER TROTTARE, CORRERE, CAMMINARE) BAGIGIO SI SENTIVA DI POTER INCOMINCIARE AD ESPLORARE IL MONDO. DA SOLO. SI SENTIVA PROPRIO COME CHI..(ALMENO, COSÌ DICEVA)...."NON DEVE CHIEDERE MAI!!?2".

ERA TUTTO BELLISSIMO.

ASSOLUTAMENTE DIVERTENTE.

MAGNIFICAMENTE ESTASIANTE. E SÌ, PERCHÉ VEDERE IL MONDO DALLA SUA ALTEZZA È TUTTA UN'ALTRA COSA. DAVVERO ELETTRIZZANTE. PROVARE, PER CREDERE!!

MA BANDO ALLE CHIACCHIERE È GIÀ PASSATO TROPPO TEMPO DALL'ULTIMA AVVENTURA. E ORA DI DARSI UNA MOSSA BAGIGIO. VIAAAAA!!!

"GDÈ, GGGGDDEEEÈÈÈ! DDDÈÈ GGGG!" "DAVVERO INTERESSANTE! COS'È QUESTA COSA?".

ECCO CHE MENTRE DI NOTTE SOGNAVA DI SCRUTARNE IL PREZIOSO CONTENUTO, DI GIORNO LO ANALIZZAVA DALL'ALTO DEL SUO SEGGIOLONE PER CAPIRE COME APRIRLO. FU ALLORA CHE DECISE DI FARGLI COMPAGNIA.

ARMATO DI VOLONTÀ E PAZIENZA BAGIGIO INIZIÒ A STUDIARE UN PIANO D'AZIONE PER ESAMINARE IL FORZIERE. SPESSO AVEVA VISTO I GENITORI MANEGGIARLO E CIÒ, OLTRE A RENDERLO

TREMENDAMENTE AMMALIANTE ERA LA RIPROVA CHE SI POTEVA APRIRE. "GDÈ. GULI, GULI, GULI!!" "COSA CI SARÀ DI COSÌ INTERESSANTE LÌ DENTRO, TANTO CHE MI DICONO DI NON TOCCARE!".

UN GIORNO DOPO ESSERSI ACCOSTATO ALL'ENIGMATICO OGGETTO, BAGIGIO GUARDÒ LA MAMMA COME SOLO LUI SA FARE: SGUARDO LANGUIDO E AMMICCANTE, DI CHI È LÌ ASSOLUTAMENTE PER CASO. CON QUESTO SGUARDO FECE INTENDERE ALLA MAMMA CHE SI STAVA SOLAMENTE APPOGGIANDO, PERCHÉ LÌ LÌ PER CADERE. DATO CHE LA CAMMINATA NON ERA ANCORA IL SUO FORTE, UN APPOGGIO OGNI TANTO CI VOLEVA. MA ECCO CHE, NON APPENA LA MAMMA SVOLTÒ L'ANGOLO IMBOCCANDO CORSO CORRIDOIO, ALLA VELOCITÀ DELLA LUCE BAGIGIO GUARDÒ IL FORZIERE E IN UN BATTI BALENO SOLLEVÒ IL COPERCHIO PER AMMIRARNE FINALMENTE IL PREZIOSO CONTENUTO. APRIRLO FU FACILE.

"CASPITERINA" SI DISSE "TUTTO QUI!!!! O SONO UN PICCOLO ERCOLINO O È UN FORZIERE DA POCO!!".

PER LUI ERA UNA QUESTIONE DI ATTIMI, PERCHÉ LA MAMMA POTEVA RITORNARE DA UN MOMENTO ALL'ALTRO. BAGIGIO A QUEL PUNTO SI SENTIVA COME IN "MISSION IMPOSSIBILE" QUANDO TOM CRUISE CALATO DALL'ALTO CON UNA FUNE CERCAVA DI PRENDERE UN DISCHETTO SENZA CADERE E SENZA FARE IL MINIMO RUMORE.

BAGIGIO ERA TUTTO UN FREMITO. MA GRAZIE ALLA PRESENZA DEL MITICO CIUCCIO COLOR AVANA, SALDAMENTE ANCORATO ALLA BOCCA E IL COLLETTO ALL'INSÙ ALL' HUMPHREY BOGART, SI SENTIVA DAVVERO SICURO E BEN PIANTATO; E CIÒ GRAZIE ANCHE AI CALZETTI ANTISCIVOLO, QUELLI ULTIMO TIPO, MOLTO IN VOGA TRA I PICCOLI PERCHÉ DOTATI DI ORECCHIETTE GIALLE FOSFORESCENTI MODELLO WINNIE THE POOH PER ILLUMINARE LA STRADA (SOPRATTUTTO LA SERA. NON SI SA MAI!!!)

ALZATO IL COPERCHIO, IN UN ATTIMO DI FRONTE A BAGIGIO SI SPALANCÒ UN MONDO NUOVO, CON IL QUALE MOLTI PER PAURA O PER RIBREZZO NON DESIDERANO AVERE NIENTE A CHE FARE. IN MOLTI SI, MA NON LUI.

ERA DAVVERO INTERESSANTE, COSÌ INTERESSANTE CHE DALLA CURIOSITÀ SPALANCÒ LA BOCCA FACENDO CADERE IL CIUCCIO A TERRA.

"GDDÈÈÈÀ!!??" "PERÒ!!".

PRESE UN OGGETTO E FERMO LO GUARDÒ.

RIMASE LÌ UN PO'. IMMOBILE, COME UNA STATUA DI MICHELANGELO. POI CON ABILITÀ LO BUTTÒ A TERRA E SUBITO NE PRESE UN'ALTRO. QUESTO LO TRATTÒ IN MANIERA DIVERSA FORSE PERCHÉ PIÙ GRANDE. SI MISE A GUARDARLO, A GIRARLO E A RIGIRARLO. POI PERÒ LO BUTTÒ A TERRA, COME IL PRECEDENTE. SENZA UN ATTIMO DI ESITAZIONE NE PRESE UN ALTRO, CHE RISULTÒ ANCORA PIÙ GRANDE DEL PRECEDENTE. LO GUARDÒ, LO GIRÒ, LO RIGIRÒ, GLI DIEDE UNA MORSICATINA, COME PER SENTIRNE IL GUSTO. ALLORA LO TIRÒ. LO TIRÒ E LO RITIRÒ COME PER SONDARNE LA SOLIDITÀ. DOPODICHÉ LO BUTTÒ A TERRA. CON DECISIONE PRESE SUBITO UN'ALTRA

COSA, STAVOLTA PERÒ PIÙ PICCOLA. LA GUARDÒ E SUBITO LA PORTÒ IN BOCCA. DIEDE UNA MORSICATINA E POI CON ENTRAMBE LE MANI PROVÒ A ROMPERLO. ROTTO!!!!

"GILLI GILLI!!!" "REAGISCE!!!" SI DISSE CON IL SORRISO SULLE LABBRA.

ALLORA NE RUPPE UN ALTRO PEZZO, POI UN ALTRO E UN ALTRO ANCORA, SEMINANDO TUTTO INTORNO FRAMMENTI PIÙ O MENO PICCOLI DELL'OGGETTO CHE AVEVA IN MANO.

IN MEZZO A TUTTE QUELLE COSE BAGIGIO SI SENTIVA COME AL CARNEVALE DI RIO DE JANEIRO. SI STAVA DIVERTENDO UN MONDO. OGGETTI PICCOLI, GRANDI, COLORATI O BIANCHI CHE SI ROMPEVANO E NO ERANO ALLA SUA PORTATA. FINALMENTE!!!??? DA QUANTO TEMPO LO DESIDERAVA. DA MOLTO, MOLTO TEMPO. MA AD UN CERTO PUNTO. SSSSSSSSSHHHHH!!!!

A BAGIGIO GLI SEMBRÒ DI SENTIRE UN GATTO, ANZI NO!! IL GATTO ERA DALLA NONNA!!!! ALZÒ LO SGUARDO PIANO PIANO E VIDE LA MAMMA CHE LO STAVA OSSERVANDO. A QUEL PUNTO FISSANDO LA MAMMA SI SOLLEVÒ DA TERRA E LE PORTÒ LA COSA CHE TENEVA STRETTA IN MANO CONTENTO E ORGOGLIOSO COME SE FOSSE UN TROFEO.

CHE GENEROSO CHE SEI BAGIGIO. FAI ANCHE DELLA BENEFICENZA!! "GRAZIE" DISSE LA MAMMA "SEI MOLTO GENTILE A DARE ALLA MAMMA QUESTO PEZZO DI CARTA CHE HAI TROVATO NEL CESTONE DELLA DIFFERENZIATA. GRAZIE!"

DIVERTITA PER LA RICERCA DI BAGIGIO LA MAMMA RIPRESE TUTTE LE CARTE, CARTONI, BUSTE, SACCHETTI, SCATOLE, SCATOLONI, FAZZOLETTI CHE BAGIGIO CON CERTOSINA PAZIENZA AVEVA SEMINATO IN TUTTA LA CUCINA.

MENTRE BAGIGIO GUARDAVA LA MAMMA CHE RIORDINAVA, CERCAVA FURTIVAMENTE DI RIAPPROPRIARSI DI QUALCHE PEZZO DI CARTA CHE SPUNTAVA FUORI DAL FORZIERE. MA LA MAMMA, PIÙ VELOCE, RIUSCIVA SEMPRE A RIPRENDERE I PEZZI CHE BAGIGIO DI NASCOSTO SOTTRAEVA.

ALLORA LA MAMMA ESCLAMÒ DIVERTITA: "PERÒ, MA QUANTA ROBA C'ERA LÌ DENTRO. NON CI AVEVO MAI FATTO CASO!?".

CON LO SGUARDO AMMICCANTE E COMPIACIUTO BAGIGIO SI DISSE: "GDÈ GDÈ!!" "LO SO!!".

ARRIVA ZANNETTA

SONO TRASCORSI SEI MESI E BAGIGIO SI È FATTO PROPRIO UN BEL BAMBINO. I SUOI OCCHI QUANDO SONO APERTI SEMBRANO DUE FINESTRE APERTE SUL MONDO PER QUANTO SONO GRANDI E LUMINOSI.

IL VISO E IL CORPO SONO PAFFUTELLI E MORBIDI. NELLE GUANCE QUANDO SORRIDE AFFIORANO SEMPRE DUE FOSSETTE CHE LO RENDONO IRRESISTIBILMENTE SIMPATICO. LE STESSE FOSSETTE LE HA ANCHE SULLE NOCCHE DELLE DITA DELLE MANI E SULLE GINOCCHIA.

INSOMMA BAGIGIO È PROPRIO UN BEL BAMBINO. MA BELLO, BELLO BELLO.

LE GIORNATE ERANO SEMPRE MOLTO INTENSE. TANTE LE COSE DA GUARDARE, MOLTE LE IMPRESE DA REALIZZARE SOPRATTUTTO DOPO I PISOLINI RISTORATORI DELLA MATTINA E DEL POMERIGGIO.

MA ECCO CHE, IN TUTTO QUESTO PARAPIGLIA, ALL'ORIZZONTE QUALCOSA DI NUOVO E INASPETTATO SI STAVA PROFILANDO. QUALCOSA DI INCISIVO. MOOOOLTO MA MOOOOOLTO INCISIVO STAVA PER ACCADERE!!

DA QUALCHE GIORNO BAGIGIO AVEVA UN CERTO MORDENTE. ERA UNO STATO D'ANIMO QUESTO, CHE PROPRIO NON RIUSCIVA A MOLARE. ERA PIÙ FORTE DI LUI, ED INFATTI ERA SOLITO DIRSI: "NNNNÈ, NNNÈ, MMMMM, GULI". QUANDO SI SENTIVA COSÌ, E DEVO DIRE CHE ACCADEVA PIUTTOSTO DI FREQUENTE, ADDENTAVA OGNI COSA GLI CAPITASSE SOTTOMANO. DALLE PENTOLE, ALLE

SPUGNE, DAI GIOCATTOLI ALLE POSATE, DAI CALZETTI ALLO SPAZZOLINO MA ANCHE LE MANI, LA CLAVICOLA, LE BRACCIA PER NON PARLARE POI DEL MENTO DELLA MAMMA. ALL'OCCORRENZA SI RIVOLGEVA ANCHE AL GINOCCHIO, AL POLPACCIO E ALLE DITA DEI PIEDI. MA DI QUESTA, SOLO SE ERANO ALLA SUA PORTATA O IN CASI DI ESTREMA NECESSITÀ.

LA MAMMA E IL PAPÀ AVEVANO NOTATO UN CAMBIAMENTO NELL'UMORE DI BAGIGIO. AVEVA SEMPRE BISOGNO DI MORDERE.

MORDERE, MORDERE, MORDERE!

UNA MORSICATINA QUI, UNA MORDICCHIATINA LÌ, UNA ADDENTATA SU, UN'AZZANNATINA GIÙ.

CHE LAVORO BAGIGIO!!! CON TUTTO QUESTO TUO DA FARE CHISSÀ CHE STANCO SARAI A FINE GIORNATA??!!

"GUDÈ!" "MA NEANCHE PER SOGNO!" BORBOTTA BAGIGIO.

SE DI GIORNO ERA PARTICOLARMENTE MORDENTE, DI NOTTE ERA INCISIVO. PUR AVENDO SONNO INFATTI, NON RIUSCIVA A STARE SDRAIATO NEL SUO LETTINO. AL CONTRARIO, IN BRACCIO SI APPISOLAVA BENISSIMO E SENZA PROBLEMI. MA NON APPENA LO SI SDRAIAVA PER LASCIARLO DORMIRE, ZZZAC CHE SI SVEGLIAVA AGITANDOSI, COME CONTRARIATO. ANZI DI PIÙ, COME SECCATO. DI PIÙ ANCORA, ERA VERAMENTE INFASTIDITO.

INSOMMAA UN VERO BRONTOLONE.

VISTA LA SITUAZIONE MAMMA E PAPÀ TRASCORREVANO BUONA PARTE DELLA NOTTE A TENERLO IN BRACCIO ASPETTANDO, TRA UNA NINNA NANNA E L'ALTRA, CHE BAGIGIO CALASSE IN UN SONNO PROFONDO.

PASSA UN GIORNO, PASSANO DUE E LA SITUAZIONE, ANZICHÉ MIGLIORARE, RIMANEVA UGUALE.

SOLO UNA COSA CAMBIAVA E A VISTA D'OCCHIO. ERANO LE OCCHIAIE DI MAMMA E PAPÀ. QUELLE SÌ CHE CRESCEVANO SEMPRE PIÙ. DEVO DIRE CHE ERA UNO SPETTACOLO VEDERLI AL MATTINO: PAPÀ AVEVA GLI

OCCHI CERCHIATI DALLA STANCHEZZA, MENTRE LA MAMMA AVEVA GLI OCCHI LIVIDI DI SONNO. TANTO CHE SEMBRAVANO QUELLI DI DUE CALAMARI!!

A PROPOSITO DI CALAMARI: QUELLA SIMPATICONA DELLA MAMMA, NONOSTANTE LA STANCHEZZA, UN GIORNO DECISE DI REALIZZARE UN PARTY. DI QUELLI A TEMA PERÒ. MICA UN PARTY COME TUTTI GLI ALTRI, COSÌ TANTO PER DIRE. GLI INVITATI ERANO AD ONOREM, BAGIGIO, PAPÀ E LA MAMMA. IL TITOLO DELLA SERATA POI TUTTO UN PROGRAMMA: "CALAMARI E GAMBERETTI VERDI FRITTI!!". GIÀ MI VIENE L'ACQUOLINA NELLE GENGIVE.

L'IDEA DELLA MAMMA TROVÒ IL FAVORE DEL PUBBLICO. TUTTI ERANO ENTUSIASTI. IL PAPÀ, ACUTO COM'ERA, POSE UNA DOMANDA: "MA CARA, COME CI VESTIAMO PER LA SERATA?".

"AMORE NON C'È BISOGNO DEI COSTUMI, BASTA GUARDARCI!!".

IL BELLO DELLA SERATA, PERÒ, ERA NEL MENÙ. LA MAMMA LO STUDIÒ NEI MINIMI PARTICOLARI. DALLA TOVAGLIA IN PLASTICA LAVABILE, AI PIATTI DI PLASTICA NON RICICLABILE, FINO AI BICCHIERI DI PLASTICA RICICLABILE. A SÌ, DIMENTICAVO CHE LORO LE USANO: C'ERANO ANCHE DELLE POSATE DI FINISSIMA PLASTICA USA E GETTA.

IL MENÙ ERA COSÌ COMPOSTO: CALAMARI IN UMIDO, CALAMARI RIPIENI E CALAMARI FRITTI.

QUESTI ERANO I PIATTI PREFERITI DI PAPÀ, ED A GUARDARLO BENE IN FACCIA SI CAPIVA ANCHE IL PERCHÉ!!

POI C'ERANO CANNOLICCHI GRATINATI E STRACOTTO CON I NERVETTI, MA IL MEGLIO ERA NEL DESSERT. LA MAMMA NE AVEVA FATTI BEN DUE, NON SI SA MAI CON QUESTE BOCCUCCE, SBATTUTINO CON I BISCOTTI "GLI AMICI DEL MATTINO" E TIRAMISÙ.

DEVO DIRE CHE QUELLA VOLTA LA CENA FU UN SUCCESSO. MAMMA E PAPÀ SI DIVERTIRONO UN SACCO E

BAGIGIO PURE, ANCHE SE NON CAPIVA IL MOTIVO DI TANTI CALAMARI.

QUELLA NOTTE NONOSTANTE LA STANCHEZZA ED IL SONNO ACCUMULATO, MAMMA E PAPÀ RIUSCIRONO, SENZA TANTI PROBLEMI, A FARE SU E GIÙ PER LA CASA FINO ALL'ALBA.

BEH, SICURAMENTE AVEVANO FATTO UN PIENO DI ENERGIE!!! VE LO DICEVO CHE ERANO DUE SIMPATICONI.

IN EFFETTI, L'INDOMANI MATTINA AL RISVEGLIO, RISVEGLIO SI FA PER DIRE, I CALAMARI SUGLI OCCHI DI MAMMA E PAPÀ ERANO DIMINUITI.

IL PAPÀ SI DISSE: "SARÀ PER QUELLO CHE ABBIAMO MANGIATO IERI SERA?"

"MAH!!!" RISPOSE LA MAMMA. "COMUNQUE STASERA SI REPLICA. IN AGGIUNTA, COME DESSERT, FACCIO ANCHE LE COPPETTE MATERASSO E I TAJARIN CON I NERETTI. QUESTO È UN PIATTO VERAMENTE PRELIBATO PER IL PALATO".

ANCHE QUELLA SERA LA FESTA EBBE UN GRAN SUCCESSO. BAGIGIO CONTENTO E CON LA PANCIA PIENA GUSTÒ OGNI PRELIBATEZZA. QUELLA SERA, COME TANTE ALTRE, IL PAPÀ PORTÒ BAGIGIO A LAVARSI IL VISO E LE MANI MENTRE LA MAMMA ASSESTAVA LA CUCINA.

TUTTO PROCEDEVA PER IL MEGLIO QUANDO AD UN CERTO PUNTO, NEL SILENZIO DELLA CASA (...SILENZIO SI FA PER DIRE....) UN URLO!!

MENTRE IL PAPÀ STAVA LAVANDO BAGIGIO ACCADDE QUALCOSA DI VERAMENTE INCISIVO!!! QUALCOSA DI VERAMENTE INASPETTATO!!!

".........SSIIIIII....SSIIIIII......MAMMA CORRI CORRI....VIENI A VEDERE......" DISSE IL PAPÀ.

ALLARMATA, LA MAMMA CORSE SUBITO VERSO IL BAGNO PENSANDO CHE FOSSE CAPITATO DI TUTTO....DAL DENTIFRICIO APPESO ALLA LAMPADINA DEL MOBILETTO, ALLA SCHIUMA DA BARBA APPICCICATA AL VETRO DEL MOBILETTO, ALLA SAPONETTA SCIVOLATA ACCIDENTALMENTE NEL WATER, E POI BIGODINI, MOLLETTE, SPAZZOLE....CHE FINE POTEVANO AVER FATTO? GIUNTA CON L'AFFANNO IN GOLA VIDE IL PAPÀ SORRIDERE. PERPLESSA INIZIÒ A GUARDARSI INTORNO, PER SCOVARE IL FAMIGERATO DENTIFRICIO O LA SAPONETTA.

"MIA CARA, AL NOSTRO AMORE SONO SPUNTATI I PRIMI DENTINI" DISSE IL PAPÀ.

DALLA GIOIA ANCHE LA MAMMA INIZIÒ AD URLARE: "SSSIIIII....SSIIII, CHE BELLO, I PRIMI DENTINI DI BAGIGIO!!!"

BAGIGIO NEL SENTIRE I GENITORI CHE DALLA CONTENTEZZA SI SGOLAVANO E RIDEVANO, RIDEVA ANCHE LUI. E PIÙ LUI RIDEVA, PIÙ MAMMA E PAPÀ VOCIAVANO. E PIÙ LUI GIOIVA, PIÙ SI VEDEVANO I DUE PUNTINI LUMINOSI MOTIVO DI TANTO CLAMORE. FU UN MOMENTO DAVVERO MOLTO EMOZIONANTE PER MAMMA E PAPÀ. COSÌ EMOZIONANTE CHE INIZIARONO A

TELEFONARE A DESTRA E A MANCA, PER DARE LA BELLA NOTIZIA.

"CHE CARI" SI DISSE BAGIGIO "BASTA COSÌ POCO PER FARLI FELICI. BEH ALLORA POSSO ANDARE AVANTI COSÌ... BENE, PERCHÉ HO GIUSTO QUALCHE ALTRA IDEA DA REALIZZARE!!!"

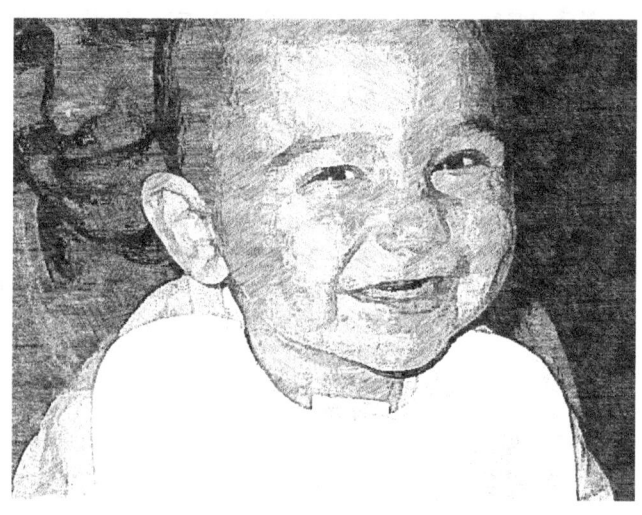

OOOOOOPLA'!!!! ED ECCOMI QUA!

DOPO LA SCALATA DELLA CARROZZINA, OGNI GIORNO PER IL PICCOLO BAGIGIO ERA UN GIORNO NUOVO CON TANTE COSE DA VEDERE E DA FARE. TUTTO PER LUI AVEVA UN ALONE MAGICO. TUTTO MERITAVA DI ESSERE ASSAGGIATO, TASTATO, ANNUSATO, MORDICCHIATO E STUDIATO CON IL MASSIMO DELL'ATTENZIONE. ATTRAVERSO OGNI OGGETTO IL NOSTRO EROE TRAEVA SPUNTI CURIOSI ED IMPARAVA A CONOSCERE IL MONDO. LA

SUA CURIOSITÀ ERA SENZA LIMITI, PROPRIO COME QUELLA DI PAPÀ.

MA PER UN GANZO COME LUI URGEVA UN CAMBIAMENTO. STAVA INFATTI DIVENTANDO SEMPRE PIÙ INSOSTENIBILE DOVER DIPENDERE DA MAMMA O PAPÀ, IN PARTICOLARE DALLA MAMMA, ALLA QUALE ERA SEMPRE PIÙ AVVINGHIATO MODELLO KOALA, PER PRENDERSI LE COSE CHE LO ATTIRAVANO.

O, S'INTENDE, MAMMA E PAPÀ ANDAVANO BENISSIMO IN UN SACCO DI OCCASIONI, MA QUANDO SI TRATTAVA DI PRENDERE QUEL TAL PENTOLINO OPPURE LO SPAZZOLINO DA DENTI O ANCORA LA PICCOLA PENNA SUL TAVOLO...CASPITA, A VOLTE SEMBRAVANO PROPRIO RINTRONATI E BAGIGIO SI RITROVAVA PIENO DI PUPAZZETTI, TAPPI PER LE BOTTIGLIE E BISCOTTI INTEGRALI O SENZA ZUCCHERO. MA CHI AVEVA DETTO DI AVER FAME?

BOH!! VALLI UN PO' A CAPIRE!!

SICCHÉ DIVENTAVA SEMPRE PIÙ NECESSARIO UN CERTO QUAL GRADO DI AUTONOMIA PER POTER AFFERRARE...IN MANIERA PRECISA....IL MONDO INTERO!!

AD ONOR DEL VERO BAGIGIO ERA ATTRATTO IN MANIERA PARTICOLARE DA TUTTI QUEGLI OGGETTI RITENUTI PERICOLOSI, COME LE FORBICI, IL COLTELLO, I DOLCI DI PAPÀ. A DIRLO ERANO GLI ADULTI, PERCHÉ PER LUI ERANO IN ASSOLUTO I PIÙ INTERESSANTI E DELIZIOSI. IN FIN DEI CONTI LI VEDEVA SPESSO USARE CON GRANDE ABILITÀ DALLA MAMMA E DAL PAPÀ!

IL PAPÀ, TRA I TANTI MESTIERI CHE SAPEVA FARE, ERA UN VERO ARTIGIANO NEL RIFILARE I BORDI DEL FORMAGGIO GRANA, SMUSSARE GLI ANGOLI DEL SALAME O DEL WURSTEL, PER NON PARLARE DELLE BRICIOLE DELLE TORTE O DEL PANE CASERECCIO: LE ASPIRAVA MEGLIO DI FURIA ROLLER. COSÌ QUANDO PASSAVA FURTIVAMENTE DI NOTTE NON LASCIAVA ALCUNA TRACCIA. MAMMA DI QUESTO NON SAPEVA NULLA, MA BAGIGIO SÌ. SONO SEMPRE STATI MOMENTI SPASSOSI!! ALMENO, COSÌ SEMBRAVA, VISTO LE GRAN RISATE QUATTE QUATTE.

MA TORNANDO A NOI!! VA DETTO CHE ORAMAI BAGIGIO NON SOLO RIUSCIVA AD AFFERRARE, MA INIZIAVA A MANIPOLARE CON SEMPRE MAGGIOR CONFIDENZA E CONTROLLO TUTTO QUANTO GLI CAPITASSE IN MANO; ERA INSOMMA SEMPRE PIÙ COORDINATO; E SCUSATE SE VI SEMBRA POCO MAAAA... RITORNATE VOI CON LA MEMORIA A QUANDO AVEVATE CINQUE MESI, E DITECI

ONESTAMENTE COSA RIUSCIVATE A COMBINARE CON UN MESTOLO IN MANO!!

CINQUE MESI! FINO A POCHE SETTIMANE PRIMA ERA ANCORA UN PICCOLO LATTANTE INCERTO ED INSTABILE; NON SAPEVA STARE SEDUTO DRITTO E LE COSE GLI SFUGGIVANO DALLE MANI QUASI SENZA CONTROLLO...

MA ORAMAI STAVA DRITTO COME UN PALO DELLA LUCE E SE GLI METTEVI QUALCHE COSA IN MANO ERA CAPACE DI NON MOLLARLO PIÙ PER ORE.

A TRATTI, VISTE ANCHE LE MORBIDE FORME CHE LO CARATTERIZZAVANO, SEMBRAVA ANCHE UN PICCOLO BUDDA IN MEDITAZIONE TRASCENDENTALE DI FRONTE AI MISTERI DELL'UNIVERSO. E COSÌ IL NOSTRO PICCOLO PASSAVA INTERE ORE A PENSARE.

PENSAVA E PENSAVA E SI GUARDAVA INTORNO E VEDEVA UN MONDO COLORATO E PIENO DI CURIOSITÀ. ORAMAI I PIEDI GLI RISPONDEVANO E QUANDO VOLEVA MUOVERE LA GAMBA DESTRA... NON SI ALZAVA PIÙ IL BRACCIO SINISTRO, E QUANDO VOLEVA MUOVERE IL SEDERE... NON PARTIVANO PIÙ SONORE FLATULENZE, MA SI SPOSTAVANO LE CHIAPPOTTE!!!

SI SENTIVA COSÌ ORAMAI PRONTO PER NUOVE ACROBAZIE CIRCENSI! CAPOTTAMENTO A DESTRA; CAPOTTAMENTO A SINISTRA; CAPOTTAMENTO CON AVVITAMENTO CARPIATO E TENTATIVO DI RESISTERE ALLA FORZA DI GRAVITÀ... ERA UN CONTINUO ESERCITARSI E PROVARE E RIPROVARE.

UN MATTINO ERA SUL LETTO PER IL CAMBIO DELLA "MUTANDA" E MENTRE LA MAMMA SI OSTINAVA A SPALMARLO ED INCREMARLO COME SE FOSSE UN INVOLTINO DA FRIGGERE, OOOOOPPLAAAAÀ CHE SI ALLUNGÒ A PRENDERSI IL CIUCCIO ROSSO!! CHE SODDISFAZIONE.

UN POMERIGGIO INVECE PIANSE COSÌ FORTE CHE, CON LA SOLA FORZA DEL PENSIERO E SENZA L'USO DELLE MANI, SI RITROVÒ DI NUOVO IL CIUCCIO IN BOCCA (GRAZIE MAMMA - NDR - MA FORSE QUESTO È UN TRUCCO CHE NON VALE!!).

UNA SERA COMUNQUE ERA SEDUTO SUL TAPPETO DI GOMMA ED AVEVA DECISO DI PRENDERE UNA PALLINA

COLORATA DI FRONTE A LUI. PER AFFERRARLA INIZIALMENTE SI BUTTÒ IN AVANTI MA LA PALLINA, DISPETTOSA, DECISE DI ROTOLARE DUE PASSI PIÙ IN LÀ. NON CONTENTO, E TENENDO IL BERSAGLIO BENE IN VISTA, SI BUTTÒ NUOVAMENTE INNANZI; MA NIENTE, QUELLA OSTINATA SI ERA DI NUOVO SPOSTATA UN PO' PIÙ IN LÀ.

E ALLORA, OOOOOOPLÀ. NUOVO TUFFO IN AVANTI ED ECCO CHE ALL'ATTERRAGGIO IL NOSTRO EROE SI ERA RITROVATO CON LE MANI SUL PAVIMENTO E IL SEDERE IN ALTO, MENTRE LE GINOCCHIA ERANO APPOGGIATE PER TERRA A SORREGGERGLI IL GENTIL DERETANO. A QUESTO PUNTO, VISTA LA NUOVA POSIZIONE, SI GUARDÒ INTORNO PER CAPIRE COSA STAVA SUCCEDENDO E COME POTER PORTARE A TERMINE LA SUA MISSIONE; LA PALLINA INFATTI, CONTINUAVA TESTARDAMENTE A SPOSTARSI.

MA AD UN CERTO PUNTO, UN CEDIMENTO! BAGIGIO SI SPALMÒ IN UN ATTIMO PER TERRA ABBRACCIANDO IL PAVIMENTO E SENZA RIUSCIRE PER GIUNTA AD AFFERRARE LA PALLINA.

"DIAVOLO" PENSÒ, "NON SONO SICURO, MA FORSE HO IL SEDERE TROPPO PESANTE OPPURE UN AMMORTIZZATORE SCARICO O ANCORA TIRA TROPPO VENTO O FORSE... MA QUELLA DANNATA PALLINA DOV'È ANDATA?!? E ALLORA, VOLETE DIRE O NO AL REGISTA CHE ME LA FACCIA PRENDERE? SONO STANCO ED ANCHE UN PO' AFFAMATO!!"

LA MAMMA CHE STAVA GUARDANDO L'ARDUA IMPRESA GLI SI AVVICINÒ E, DOPO ESSERSI MESSA D'ACCORDO CON GLI SCENEGGIATORI, PORGENDO LA PALLINA TANTO SOSPIRATA DISSE: "BRAVO BAGIGIO, SEI STATO BRAVISSIMO! VEDRAI CHE LA PROSSIMA VOLTA SARAI TU AD AFFERRARE LA PALLINA. E NON SOLO LA PALLINA, MA TANTE ALTRE COSE"

BAGIGIO, CHE NEL FRATTEMPO ERA STATO MESSO SEDUTO, RIPROVÒ IMMEDIATAMENTE NELL'IMPRESA DI METTERSI CARPONI. MA AHIMÈ IN UN BATTI BALENO SI RISPALMÒ PER TERRA. ANCORA. ED ANCORA. ED ANCORA.

"NGHE, NGHE, UNGHÈ!!" (È PROPRIO DURA!!)...SI DISSE "ADESSO CAPISCO PERCHÉ VANNO TUTTI IN MACCHINA".

PAURA DI DORMIRE

SUPERBAGIGIO ERA NATO DA CIRCA SETTE MESI, QUANDO INIZIÒ A NOTARE UNA COSA ESTREMAMENTE STRANA.

MA VENIAMO ALLA PURA CRONACA.

GLI PIACEVA UN SACCO QUANDO MAMMA E PAPÀ GIOCAVANO CON LUI. LO PRENDEVANO SEMPRE IN BRACCIO QUANDO ERA IN CRISI E LO LASCIAVANO LIBERO DI CONOSCERE IL MONDO QUANDO, INVECE, ERA SAZIO E RILASSATO.

MANGIAVA TANTA PAPPA E FACEVA ANCHE TANTA CACCA.

INSOMMA TUTTO PROCEDEVA BENE. ERA DESTINATO A DIVENTARE PROPRIO UN BEL BAMBINO.

COME PERÒ SI DICEVA ALL'INIZIO, SUPERBAGIGIO ERA ANCHE UN GRANDE OSSERVATORE E DA QUALCHE TEMPO AVEVA UN PROBLEMA. OGNI VOLTA CHE SI ADDORMENTAVA, E GLI CAPITAVA SPESSO DURANTE LA GIORNATA, SI SVEGLIAVA PERPLESSO PERCHÉ GLI SEMBRAVA DI NOTARE UN PARTICOLARE STRANO ED INQUIETANTE: AVEVA L'IMPRESSIONE CHE MAMMA E PAPÀ SI FOSSERO.... RIMPICCIOLITI. ALL'INIZIO NON CI VEDEVA ANCORA MOLTO BENE; I SUOI OCCHIETTI NON AVEVANO ANCORA IMPARATO IL SENSO DELLE PROPORZIONI E DELLE MISURE. SICCHÉ CAPITAVA CHE CERCASSE DI AFFERRARE IL MESTOLO DELLA MINESTRA POSTO A CIRCA DUE METRI DA LUI, LÀ SOPRA LA CREDENZA, OPPURE CHE

NON SI RENDESSE CONTO DI AVERE IL GELATO DAVANTI AL NASO, PRETENDENDO DI MANGIARE QUELLO DI MAMMA O DI PAPÀ. MA MAN MANO CHE PASSAVANO I GIORNI CI VEDEVA SEMPRE MEGLIO; COSÌ, OLTRE CHE CON LA BOCCA, IMPARAVA A CONOSCERE IL MONDO ATTRAVERSO GLI OCCHI.

ERA MOLTO CURIOSO, PROPRIO COME IL PAPÀ, SEMPRE INCANTATO DAI COLORI E TUTTO ATTIRAVA LA SUA ATTENZIONE. ERA UN PIACERE VEDERLO DAVANTI ALLA MOKA DEL CAFFÉ, QUASI FOSSE UN'OPERA DEL LEONARDO (MA SÌ, IL DA VINCI, QUEL SUO COLLEGA SCIENZIATO TUTTOFARE...), OPPURE GUARDARE STUPITO ED ATTENTO MAMMA E PAPÀ CON UNO STRANO OGGETTO ATTACCATO ALL'ORECCHIO; STRANO DAVVERO, PERCHÉ CI PARLAVANO DENTRO E POI CAPITAVA CHE SI METTESSERO A RIDERE O ANCHE CHE SI ARRABBIASSERO, OPPURE, SEMPLICEMENTE, PARLAVANO E BASTA (IN QUEI MOMENTI SEMBRAVANO PROPRIO DEI MATTI!!).

PER FARLO FELICE, NON SERVIVANO GIOCHI O GIOCHINI ELABORATI E COSTOSI; BASTAVANO COSE SEMPLICI COME UNA SCATOLETTA COLORATA OD ANCHE UN BARATTOLINO, OPPURE UN DEPLIANT DI QUALCHE SUPERMERCATO.

I COLORI ED I DISEGNI LO ATTIRAVANO MOLTISSIMO E STAVA PROPRIO DIVENTANDO UN GRANDE OSSERVATORE.

OLTRE AD OSSERVARE IMITAVA. COSÌ, UN GIORNO, MENTRE LA MAMMA PARLAVA AL CELLULARE, SUPERBAGIGIO AVEVA ACCESO IL SUO GSM A FORMA DI ... SONAGLINO .... ED AVEVA TELEFONATO AL PRESIDENTE DELLA MOTOROLA (SAPETE, VOLEVA UN APPARECCHIO PIÙ MODERNO). BEH, VOI STARETE ANCHE SORRIDENDO, MA DA QUEL GIORNO IN AVANTI SUPERBAGIGIO POTÈ SFOGGIARE UN CELLULARE TUTTO NUOVO E DI ULTIMISSIMA GENERAZIONE: IL MODELLO MOTOSPAZZOLINOBLUDELPAPA, UN SETTIBAND CON DENTIFRICIO INCORPORATO CHE GARANTIVA UN ALITO FRESCO E PROFUMATO, SI SA, IMPORTANTISSIMO PER LA SUA ATTIVITÀ DI P.R.

MA IL TEMPO PASSAVA, I SENSI SI ACUIVANO E CRESCEVA IN SUPERBAGIGIO UN GRANDE DISAGIO; LUI ERA ATTENTO E CI GUARDAVA SPESSO MA....I GENITORI, COSÌ GLI PAREVA, DIVENTAVANO SEMPRE PIÙ PICCOLI.

IL FENOMENO ERA ALQUANTO BIZZARRO OLTRE CHE PREOCCUPANTE. SUPERBAGIGIO SI ACCORGEVA DI QUESTO STRANO RIMPICCIOLIMENTO IN PARTICOLARE AL MATTINO, APPENA SVEGLIO, E LA SERA, PRIMA DI DORMIRE.

ECCO CHE, DOPO AVER FATTO UN BEL SONNO RIPOSANTE, GUARDAVA IL BABBO EEEE.... SI ERA ACCORCIATO!! ALLORA GUARDAVA LA MAMMA EEEE.... SI ERA ACCORCIATA ANCHE LEI!!

E NON ERANO SOLO IMPRESSIONI; QUANDO LA MAMMA LO ALLATTAVA NE AVEVA LA PROVA LAMPANTE!! LA SUA "TAZZA DI LATTE" ERA SEMPRE PIÙ VICINA ED ABBORDABILE!! ED ANCHE ALLA SERA, QUANDO IL BABBO

LO CULLAVA SULLE SUE BRACCIA, AVEVA UN'ALTRA PROVA CHIARA ED INEQUIVOCABILE: LA POSIZIONE, INFATTI, GLI ANDAVA SEMPRE PIÙ STRETTA E LE SUE GAMBETTE, UNA VOLTA APPOGGIATE DOLCEMENTE SUGLI AVAMBRACCI DEL PAPÀ, ORA DONDOLAVANO SEMPRE PIÙ OLTRE IL SUO FIANCO, MENTRE CON LA TESTA RIUSCIVA COMODAMENTE A GUARDARGLI DIETRO ALLA SCHIENA QUANDO PRIMA, A MALAPENA, POTEVA VEDERGLI UN FIANCO!!

CASPITA!! UNA CATASTROFE!!

PIANO PIANO ERANO MATURATI IN LUI UN PENSIERO ED UNA CONVINZIONE: "MA, SE OGNI VOLTA CHE MI SVEGLIO MAMMA E PAPÀ SONO PIÙ PICCOLI - PENSAVA - PRIMA O POI MI SVEGLIERÒ E NON LI TROVERÒ PIÙ!?"

PER QUESTO AVEVA DECISO CHE L'UNICA SOLUZIONE POSSIBILE ERA... DI SMETTERE DI DORMIRE!

COSÌ SI MISE D'IMPEGNO PER EVITARE L'IRREPARABILE. QUANDO, LA SERA O DI GIORNO GLI VENIVA SONNO, RESISTEVA!

CHE LOTTE!! TITANICHE!! COMBATTERE CON I PROPRI OCCHI CHE CHIEDONO VENIA E VOGLIONO SOLTANTO CHIUDERSI PER UN PO'.... MA NON VOLEVA IL NOSTRO SUPERBAGIGIO.

PURTROPPO AL CUOR NON SI COMANDA ED ANCHE IL SONNO È DURO DA RESISTERE; COSÌ, DOPO LAMENTI E STRILLI VARI, SI ADDORMENTAVA E REGOLARMENTE, OGNI VOLTA CHE SI RISVEGLIAVA, LA STESSA STORIA.

LUI CI STAVA ATTENTO, CERCAVA ANCHE DI PRENDERE QUALCHE PUNTO DI RIFERIMENTO, CON LA SUA MANINA,

AD ESEMPIO, LA METTEVA SUL VISO DI MAMMA E PRENDEVA LE MISURE DALLA BOCCA AL NASO... DAL NASO ALL'ORECCHIO... TUTTA LA FRONTE.

NIENTE, LA MAMMA ERA PIÙ PICCOLA.

ALLORA MISURAVA ANCHE IL PAPÀ: CON LA SUA MANINA MISURAVA DALLA BOCCA AL NASO, DAL NASO ALL'ORECCHIO, TUTTA LA FRONTE... E QUI UN'ECCEZIONE: LA FRONTE ANZICHÉ RIMPICCIOLIRSI, COME IL RESTO DEL CORPO, SI INGRANDIVA!! UN MISTERO NEL MISTERO. OPPURE L'ECCEZIONE CHE CONFERMA LA REGOLA (ANCHE SE IL NOSTRO SUPERBAGIGIO SENTIVA SPESSO IL BABBO LAMENTARSI DI UNA ROBA STRANA... COM'È CHE DICEVA... "STO DIVENTANDO CALDO... CALMO... CALVO..." SI INSOMMA CHE PERDEVA QUALCHE COSA O CHE GLIELA FREGAVANO, NON È CHE PROPRIO AVESSE BEN CAPITO).

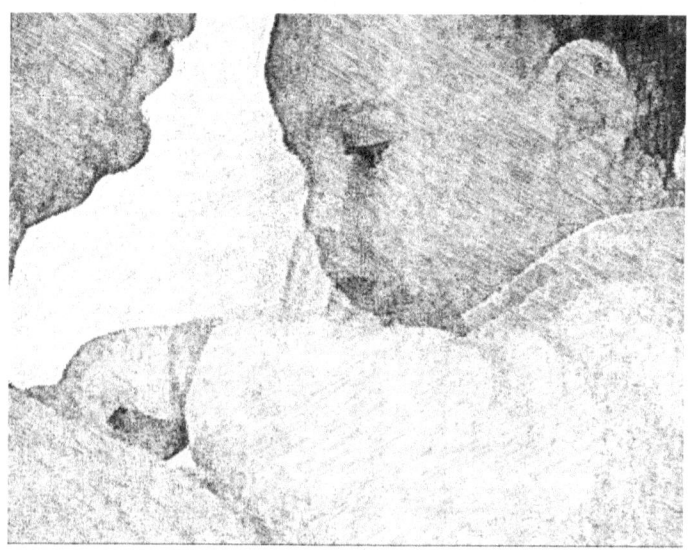

VA DA SÉ, PENSATE QUALE E QUANTA ANSIA NEL PICCOLO SUPERBAGIGIO. AVEVA PROPRIO PAURA CHE PRIMA O POI, AL RISVEGLIO, NON AVREBBE PIÙ RITROVATO LA SUA MAMMA ED IL SUO PAPÀ.

QUESTI, INVECE, NON RIUSCIVANO A CAPIRE COME MAI IL LORO PICCOLO, NEGLI ULTIMI PERIODI, FACESSE SEMPRE PIÙ FATICA A PRENDER SONNO.

ALL'INIZIO PENSAVANO CHE FOSSERO I DENTI, POI LA CRESCITA, POI LE NUOVE PAPPE INTRODOTTE CON LO SVEZZAMENTO.

MA PER QUANTO PROVASSERO E RIPROVASSERO, SUPERBAGIGIO NON MIGLIORAVA E FACEVA SEMPRE PIÙ FATICA A DORMIRE. INSOMMA ERANO INTERDETTI ED ERANO IN DIFFICOLTÀ. CERCAVANO DI CONSOLARLO E RASSICURARLO CULLANDOLO, MA SUPERBAGIGIO PESAVA...AVEVA RAGGIUNTO I 9 CHILI E MEZZO E PAPÀ, DOPO UN PO' CHE LO TENEVA IN BRACCIO, INIZIAVA A SENTIRNE TUTTO IL PESO, FIGURATEVI LA POVERA SCHIENA DELLA MAMMA......MA GRAZIE PROPRIO AL LORO AMORE ED ALLA LORO PAZIENZA, SUPERBAGIGIO, UN GIORNO, SCOPRÌ L'ARCANO.

CAPITÒ COSÌ, PER CASO, COME MOLTE COSE NELLA VITA.

ERA UNA SERA TIEPIDA DI FINE ESTATE E SUPERBAGIGIO, AL SOLITO, CERCAVA DI RESISTERE AL SONNO PERCHÉ, NE ERA SICURO, I GENITORI QUEL GIORNO SI ERANO RISTRETTI DI QUASI UN INTERO DITO!!

BEH, PROPRIO MENTRE PAPÀ CON TANTA PAZIENZA LO CULLAVA PER FARLO DORMIRE ED ANZICHÉ CANTARE LA SOLITA CANZONE PARLOTTAVA CON LA MAMMA, SUPERBAGIGIO LO SENTÌ DIRE: "CASPITA, PERÒ, È PROPRIO DIVENTATO GRANDE IL NOSTRO BEL BAMBINO!! SARÀ CRESCIUTO UNA SPANNA NELL'ULTIMA SETTIMANA."

E POI SCHERZANDO: "SE CONTINUA COSÌ TRA UN MESE È ALTO COME NOI!!"

SE CONTINUA COSÌ TRA UN MESE È ALTO COME NOI?! "COME – È ALTO COME NOI – ? NON HO CAPITO BENE, PER CORTESIA RIPETERE!! " PENSÒ SUPERBAGIGIO; POI PERÒ INIZIÒ A RIFLETTERE ATTENTAMENTE E GLI VENNE UN'ILLUMINAZIONE: "MA ALLORA NON SONO LORO CHE DIVENTANO PICCOLI, SONO IO CHE DIVENTO GRANDE COME LORO!!"

E SÌ, FINALMENTE SUPERBAGIGIO AVEVA CAPITO! L'ARCANO ERA RISOLTO. ERA LUI CHE CRESCEVA ED ANCHE IN FRETTA. E NEL CRESCERE VEDEVA IL MONDO INTORNO DIVENTARE PIÙ PICCOLO, COMPRESI MAMMA E PAPÀ. QUESTO ORMAI NON GLI METTEVA PIÙ ANSIA O PAURA, PERCHÉ NE AVEVA CAPITO IL MOTIVO: IL PIÙ BEL MOTIVO DI QUESTA TERRA.

SUPERBAGIGIO DIVENTAVA GRANDE E PRESTO AVREBBE POTUTO CORRERE, SALTARE SUI MOBILI, PRENDERE LE COSE IN ALTO E SALIRE LE SCALE DA SOLO, MANGIARE TUTTO QUELLO CHE MANGIAVANO MAMMA E PAPÀ ED USARE LA MOTORETTA DEL NONNO, E PRENDERE QUEI DANNATI PICCIONI CHE QUANDO LI INSEGUIVA

VOLAVANO SEMPRE VIA, ED AFFERRARE "WILLY IL GATTO" PER LA CODA (SAPETE, DOVEVA COMPIERE UN ESPERIMENTO SULLA RESISTENZA DELLE VIBRISSE DEI GATTI, MA QUESTA È UN'ALTRA STORIA).

E MENTRE PENSAVA A TUTTE QUESTE BELLE ALTERNATIVE, ZITTO, ZITTO, CON UNO STRANO NUOVO SORRISO SULLE LABBRA, SI ADDORMENTÒ.

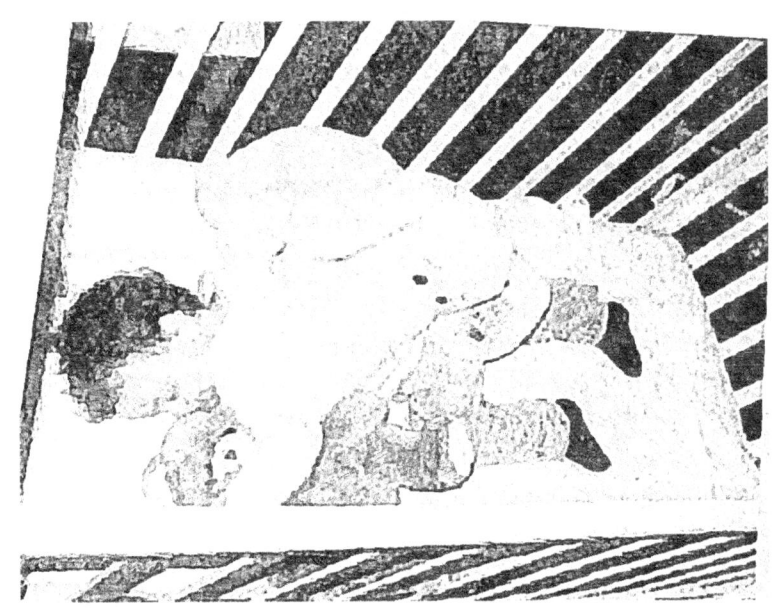

CARA MAMMA

CARA MAMMA
TI VOGLIO TANTO BENE
SEI BUONA E TENERA
DOLCE E BELLA
E SE QUALCHE NOTTE NON TI FACCIO DORMIRE
È PERCHÉ VOGLIO STARE SEMPRE CON TE,
IL GIORNO È CORTO
E PASSA IN FRETTA
E IL TUO ABBRACCIO
È CALDO E CONFORTEVOLE
COSÌ SCUSAMI SE TI FACCIO STANCARE
MA IL BENE CHE TI VOGLIO
MI TRAVOLGE E MI RIEMPIE DI GIOIA

TUO BAGIGIO

BAGIGIO AL SUPERMERCATO

SOLITAMENTE ERA LA MAMMA A FARE LA SPESA INSIEME A BAGIGIO MENTRE IL PAPÀ ERA AL LAVORO, MA VENNE UN SABATO POMERIGGIO IN CUI DECISERO DI ANDARCI TUTTI E TRE INSIEME. IL BABBO LANCIÒ L'IDEA E INSISTETTE, TANTO CHE ALLA MAMMA VENNE UN DUBBIO SULLE SUE REALI MOTIVAZIONI, MA ASPETTÒ DI AVERNE LE PROVE. GIUSTO PER NON ESSERE TROPPO DIFFIDENTE!!!

APPENA ARRIVATI, GIRARONO SEI O SETTE VOLTE TUTTO IL PARCHEGGIO PRIMA DI RIUSCIRE A TROVARE UN POSTO; POI FINALMENTE LO TROVARONO, E ALLORA SCATTÒ L'OPERAZIONE "CACCIA AL CARRELLO".

NE ERA RIMASTO UNO SOLO, CHE IL BABBO VIDE DA LONTANO. A QUEL PUNTO SI LANCIÒ IN UNO SCATTO DISPERATO DA CENTOMETRISTA SUPERANDO IL RECORD OLIMPIONICO E RIUSCENDO AD ACCAPARRARSI IL CARRELLO, SOTTRATTO PER UN FILO AD UN CULTURISTA. I CLIENTI CHE USCIVANO DAL SUPERMERCATO, SI FERMARONO AD ASSISTERE ALLA STOICA IMPRESA, TIFANDO PER IL BABBO ED INCITANDOLO PER INCORAGGIARLO. NEL MOMENTO IN CUI IL BABBO PLANÒ SUL CARRELLO SCOPPIÒ UN APPLAUSO, E CI FU ANCHE UN ACCENNO DI OLA. COME SAPETE IL BABBO, CHE SOTTO LA SCORZA DA DURO È UN TIMIDO, VISTO IL CLAMORE, SI LIMITÒ A RINGRAZIARE CON UN CENNO DEL CAPO MENTRE SPINGEVA A TUTTA FORZA IL CARRELLO PER

ENTRARE AL SUPERMERCATO, TOGLIENDOSI COSÌ DALL'IMBARAZZO.

UNA VOLTA ENTRATI, UN PROFUMO DI CHIACCHIERE, (O BUGIE, GALANI, NASTRI, FRAPPOLE COME SI CHIAMERANNO NELLA VOSTRA REGIONE) E DI ZUCCHERO VANIGLIATO SOLLETICÒ LE NARICI DELLA MAMMA, CHE EBBE LA CONFERMA DEI SUOI SOSPETTI: "ALTRO CHE DIFFIDENTE!!" PENSÒ, "IL SOLITO GOLOSONE".

"E' OGGI, CHE C'È L'ASSAGGIO DEI DOLCI REGIONALI? MA CHE COMBINAZIONE!!! PROPRIO OGGI HAI DECISO DI ACCOMPAGNARCI AL SUPERMERCATO!"

IL BABBO BOFONCHIÒ SCUSE IMPROBABILI, MENTRE CON GLI OCCHI CERCAVA DI IDENTIFICARE AL VOLO LA ZONA DA CUI IL PROFUMO ARRIVAVA. ANCHE BAGIGIO GRADÌ L'AROMA DI VANIGLIA CHE ALEGGIAVA, E FU CONTENTO DI VENIRE PRESO IN BRACCIO DAL PAPÀ, IMPAZIENTE DI ASSAGGIARE I DOLCI.

LA MAMMA, MENO GOLOSA, O FORSE SOLO MENO DESIDEROSA DI FARE LA CODA, INIZIÒ A GIRELLARE TRA UN ESPOSITORE E L'ALTRO, RIEMPIENDO IL CARRELLO SECONDO LA LISTA PREPARATA A CASA.

IL BABBO TORNÒ DI LÌ A POCO CON DUE PIATTI COLMI DI CHIACCHIERE AL CIOCCOLATO, CHE DIVORÒ IN UN BATTIBALENO. BAGIGIO RIUSCÌ AD APPREZZARNE SOLO VAGAMENTE UN PICCOLO PEZZO, PERCHÉ LA RAPIDITÀ DEL BABBO ERA PROVERBIALE, NON SOLO IN RELAZIONE ALLA CORSA.

PER UN ATLETA, SI SA, DUE PIATTI DI DOLCI SONO UNA BAZZECOLA, CI VUOLE BEN ALTRO PER RIMPINGUARE LE ENERGIE SPESE PER AFFERRARE IL CARRELLO; COSÌ IL BABBO SI PREPARÒ A RIFARE LA CODA PER ATTINGERE AD UN ALTRO ASSAGGIO E, PER NON DARE NELL'OCCHIO, MISE BAGIGIO NEL CARRELLO, NELLO SPAZIO IN CUI SOLITAMENTE SEGGONO I BAMBINI. LA MAMMA RIPRESE IL GIRO, ATTRATTA DALLE OFFERTE SPECIALI, MENTRE BAGIGIO ERA ATTRATTO DAI COLORI E DALLE FORME DELLE CONFEZIONI, CHE VOLEVA TOCCARE. OGNI CONQUISTA ERA UN GRIDOLINO: "GUDÈ, GUDÈ" "CHE BELLO, LO PRENDIAMO?"

LA MAMMA LO SBACIUCCHIAVA, RICONTROLLAVA LA LISTA, SPOSTAVA IL CARRELLO E L'AVVENTURA RICOMINCIAVA.

IL BABBO OGNI TANTO LI RAGGIUNGEVA, CON GLI OCCHI CHE LUCCICAVANO PER LA GIOIA: "STANNO DISTRIBUENDO ANCHE LE FRITTELLE ALLA CREMA E QUELLE ALLA MELA!"

MAMMA E BAGIGIO RIUSCIRONO A MANGIARE UNA FRITTELLA ALLA MELA IN DUE, PERCHÉ IL BABBO RICOMPARVE CON IL PIATTO PIENO DOPO UN EVIDENTE TRANSITO IN AREA ASSAGGI.

LA MAMMA SORRIDEVA, PROSEGUENDO A COCCOLARE BAGIGIO E A CANCELLARE LE VOCI DALLA LISTA.

OGNI TANTO INCONTRAVA DEI CONOSCENTI E SI FERMAVA VOLENTIERI A SALUTARLI. INCONTRÒ UNA COMPAGNA D'UNIVERSITÀ CHE NON RIVEDEVA DA ANNI, E

CHE NATURALMENTE VENNE IPNOTIZZATA DALLO SGUARDO DA LATIN LOVER DI BAGIGIO.

"CHE MERAVIGLIA DI BAMBINO!", ESCLAMÒ LA FANCIULLA.

"TI FAREI CONOSCERE ANCHE MIO MARITO, MA SI È APPENA ALLONTANATO PER CERCARE UN ARTICOLO CHE GLI INTERESSA", DISSE LA MAMMA.

IN QUEL MOMENTO, COMPARVE IL BABBO COL GIACCONE BLU, SU CUI FACEVA CONTRASTO UNA VIA LATTEA DI ZUCCHERO A VELO, LE MANI OCCUPATE DA TRE PIATTI SU CUI FACEVANO BELLA MOSTRA DI SÉ DELLE FRITTELLE DI RISO, DI PATATA E DELLE CARTELLATE. "OGGI NON ABBIAMO FATTO IN TEMPO A MANGIARE" DISSE LA MAMMA, MENTRE L'EX COMPAGNA DI STUDI GUARDAVA ALLIBITA IL BABBO.

IL COMMENTO DI BAGIGIO, "GUDÈ GUDÈ" "MAMMA, FORSE DOVRESTI INVENTARE DELLE SCUSE PIÙ CREDIBILI!"

MA IL BABBO VENNE RAPITO DA UN ANNUNCIO DELL'ALTOPARLANTE: "SIGNORI E SIGNORE, STIAMO PER INIZIARE LA DISTRIBUZIONE DELLE PITTE CALABRESI, DELLE PASTIERE NAPOLETANE E DELLE GUBANE FRIULANE. AFFRETTATEVI!" E COME IL TOPOLINO SEGUE IL PIFFERAIO MAGICO, SI PRECIPITÒ, CON L'OCCHIO ESTATICO, A SEGUIRE LA MUSICA SUBLIME.

LA MAMMA, RASSEGNATA, CONTINUÒ IL SUO GIRO, TROVANDO DELLE TUTINE PER BAGIGIO CHE GLI STAVANO A MERAVIGLIA, E GLIENE PRESE DUE, UNA GIALLO PULCINO E UNA AZZURRA.

BAGIGIO PROSEGUIVA A CHIACCHIERARE MENTRE AFFERRAVA PACCHI DI PASTA, SACCHETTI DI CAFFÈ, CONFEZIONI DI BISCOTTI E IL CARRELLO SI RIEMPIVA.

QUESTA VOLTA IL BABBO LI RAGGIUNSE CON UN PIATTO DI SFOGLIATELLE, NELLA VERSIONE SIA LISCIA CHE RICCIA, IN COMPAGNIA DI UNA PORZIONE DI BISCIOLE DELLA VALTELLINA, E DECISE DI LASCIARE IL GIUBBOTTO (ORMAI AZZURRO) SUL CARRELLO, PERCHÉ INIZIAVA A SENTIRE UN FILINO DI CALDO, FORSE DOVUTO ALLA CORSA PER ACCAPARRARSI IL CARRELLO.

GIUNTA AL REPARTO BAMBINI, LA MAMMA FECE SCORTA DEI PANNOLINI IN OFFERTA, MENTRE BAGIGIO AGGUANTAVA UN PACCHETTO DI PASTINA COLORATA.

QUI INCONTRARONO I VICINI DI CASA, CHE INSISTETTERO PER REGALARE A BAGIGIO UN GIOCATTOLINO COL SONAGLIO "E' UN BAMBINO COSÌ BUONO! NON PIANGE MAI. COME SI PUÒ NON VOLERGLI BENE!"

LI RAGGIUNSE IL BABBO, CHE DOPO AVER OFFERTO LORO IL PIATTO DI STRUDEL ALLE MELE, CASTAGNACCIO E SBRISOLONA (E SOPRATTUTTO, DOPO AVER TIRATO UN SOSPIRO DI SOLLIEVO AL DINIEGO DEI SIGNORI ROSSI), LASCIÒ IN CUSTODIA ANCHE IL MAGLIONE, SEMPRE PIÙ ACCALDATO. DEL RESTO, SI SA, NEI SUPERMERCATI C'È SEMPRE UN TALE CALDO! LA MAMMA SI MISE ALLA RICERCA DEL TELEFONINO CHE SQUILLAVA NELLA BORSETTA. LA SIGNORINA OFELIA LI INVITAVA A CENA. INDECISA SE ACCETTARE O MENO, DATA LA QUANTITÀ DI CIBO INGURGITATA DAL MARITO, PER UN MISTERIOSO POTERE DELLA TELEPATIA, SE LO VIDE DAVANTI, RADIOSO MENTRE GUSTAVA UN PIATTO DI CANNOLI SEMPLICI, AL PISTACCHIO, E DELLA CASSATA.

"NON VORRAI RIFIUTARE, VERO? CI RESTERÀ MALISSIMO", DISSE IL PAPÀ, E LA MAMMA, RIDENDO, CONFERMÒ L'INVITO. GUARDATO L'OROLOGIO E CONSIDERANDO CHE LA LISTA ERA ORMAI ESAURITA, LA MAMMA SI AVVIÒ VERSO LA CASSA. INIZIÒ A DEPOSITARE LA MERCE SUL CARRELLO, MENTRE BAGIGIO CONQUISTAVA

LA CASSIERA E IL BABBO, IN MANICHE CORTE, LI RAGGIUNGEVA TRAFELATO CON UN PIATTO DI BOMBOLONI IN VERSIONE CREMA E MARMELLATA, ABBINATI A MARITOZZI ALLA PANNA, CHE SBRANÒ IN UN ATTIMO, PER AIUTARE LA MAMMA A RIEMPIRE LE BUSTE. UNA CHIACCHIERA CON LA CASSIERA, UN VERSETTO DI BAGIGIO, NON SI ACCORSERO CHE IL CONTO AUMENTAVA E AUMENTAVA E AUMENTAVA.

UNA VOLTA SCARICATA TUTTA LA MERCE E RIEMPITE INNUMEREVOLI BUSTE, VENNERO COLPITI DALL'AMMONTARE DEL CONTO COME DA UNO SCHIAFFO IN PIENO VISO.

SI SCAMBIARONO UNO SGUARDO D'INTESA E DECISERO DI FAR BUON VISO A CATTIVO GIOCO, PAGANDO COL BANCOMAT. ED APPENA USCITI, LA MAMMA DISSE: "ECCO PERCHÉ IL CARRELLO ERA COSÌ PIENO: MENTRE IO CONTROLLAVO LA LISTA E SALUTAVO LE PERSONE, BAGIGIO PRENDEVA DAGLI SCAFFALI OGNI COSA CHE LO ATTIRAVA, E LO METTEVA NEL CARRELLO!"

IL BABBO LA RASSICURÒ: "DEVO AMMETTERE CHE NON TI SONO STATO DI GRANDE AIUTO, ALLONTANANDOMI DI TANTO IN TANTO PER QUALCHE MINUTO. MA NON TI PREOCCUPARE, È TUTTA ROBA CHE DI SOLITO ACQUISTIAMO. VORRÀ DIRE CHE CI SIAMO FATTI LA SCORTA E PER UN PO' AL SUPERMERCATO NON CI VERREMO PIÙ".

BAGIGIO SORRISE E TRA SÉ E SÉ PENSÒ. "GULÌ GULÌ" "GIÀ FINO AL MESE PROSSIMO, QUANDO CI SARÀ L'ASSAGGIO DELLA PIZZA IN TUTTI I GUSTI POSSIBILI!"

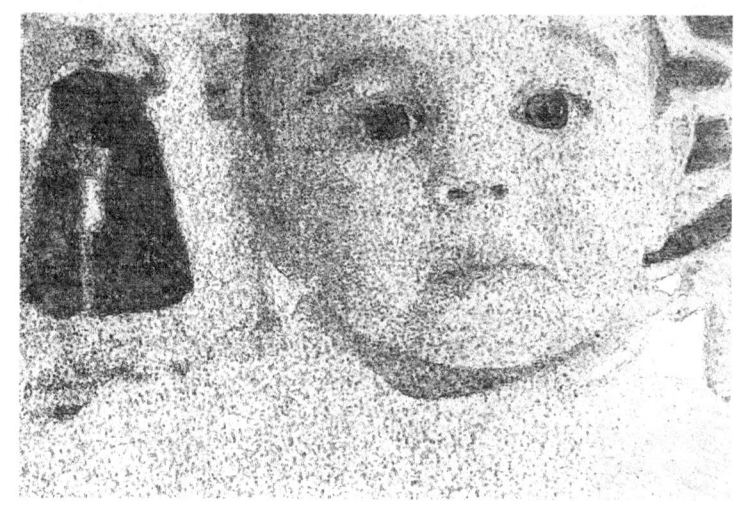

BAGIGIO E FURIA ROLLER WEST

DOPO AVER DOMATO IL SEGGIOLONE, IL PASSEGGINO E I MITICI SCARPONI DA TREKKING (ALIAS CALZINI ANTISCIVOLO) PER BAGIGIO ERA VENUTO IL MOMENTO DI DOMARE FURIA ROLLER. DA TEMPO SOGNAVA DI FARLO. DA COSÌ TANTO TEMPO CHE PER BAGIGIO, FURIA ERA DIVENTATO UN RICHIAMO. IL TEMPO DELLA LORO CONOSCENZA SI PERDE NELLA NOTTE DEI TEMPI. QUANDO BAGIGIO ERA DENTRO LA PANCIA DELLA MAMMA AVEVA IMPARATO A CONOSCERE IL SUONO DELLE SUE CORSE PER GLI SCORCI DI CÀ MIA.

QUANDO POI SE LO TROVÒ DI FRONTE LA PRIMA VOLTA E LO VIDE CAVALCARE PER LE STRADE DI CÀ MIA, ALLORA E SOLO ALLORA, PRESE PIEDE UN INTERESSE CHE SI TRASFORMÒ IN PASSIONE. TUTTE LE VOLTE CHE BAGIGIO LO VEDEVA RIMANEVA INCURIOSITO. QUALSIASI COSA STESSE FACENDO LA INTERROMPEVA PER AMMIRARE FURIA ROLLER, SOPRATTUTTO SE QUESTI GLI SFRECCIAVA INNANZI. LA PRIMA VOLTA CHE BAGIGIO PER CASO TOCCÒ FURIA FU ENTUSIASMANTE. UN SORRISO GLI SI STAMPÒ SULLE LABBRA E IL CORPO LO SEGUÌ IN UN FREMITO DI GIOIA.

DOPO LA PRIMA VOLTA NE SEGUÌ UN'ALTRA ED UN'ALTRA ANCORA, FINO A CHE, FURIA ROLLER DIVENNE UN COMPAGNO DI AVVENTURE PER BAGIGIO. IN QUEI MOMENTI BAGIGIO LO ACCAREZZAVA, LO STUDIAVA,

LO OSSERVAVA CON IL SUO "CIPIGLIO" INDAGATORE, E NON MANCAVA MAI UNA MORSICATINA QUA E LÀ, GIUSTO PER GUSTARNE A PIENO LA SUA COMPAGNIA.

I GIORNI NEL FRATTEMPO SCORREVANO E CON QUESTI IL DESIDERIO DI BAGIGIO DI DOMARE FURIA ROLLER CON IL QUALE FINO AD ALLORA AVEVA SOLO GIOCATO, MA MAI SI ERA SENTITO DI CAVALCARLO VERAMENTE PER LE VIE E I VIOTTOLI DI CÀ MIA.

MA QUEL GIORNO PRESTO ARRIVÒ.

DOPO CHE LA MAMMA AVEVA GIRATO L'ANGOLO PER ENTRARE IN CORSO CORRIDOIO, BAGIGIO IN UN ATTIMO SI IMPOSSESSÒ DI FURIA ROLLER, IL QUALE SE NE STAVA TRANQUILLO SUL TAPPETO A RIPOSARSI. PER LUI, INFATTI, LA MATTINATA ERA STATA TUTTA UNA CORSA E ORA ERA SURRISCALDATO DALLA FATICA.

MA BAGIGIO COLSE L'ATTIMO, FINALMENTE ERANO SOLI. SOLI COME NON MAI E QUINDI QUALE OCCASIONE MIGLIORE PER DOMARE FURIA ROLLER?

CON UN COLPO DI MANO SI AVVINGHIÒ AL DIVANO E SI ALZÒ IN PIEDI.

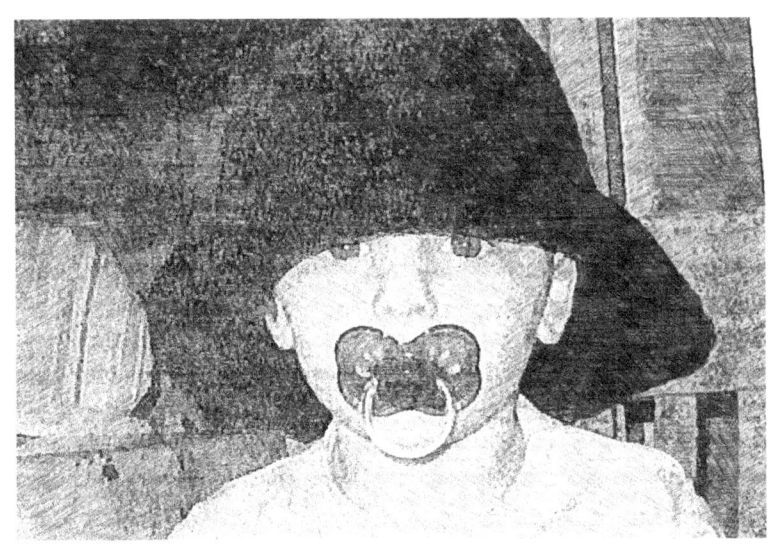

SI SENTIVA SICURO COME NON MAI. LA MAMMA POI LO AVEVA VESTITO CON UN LOOK STRATEGICO: MAGLIETTINA COLOR SABBIA, CON IL COLLETTO ALLA HUMPHREY BOGART SOLLEVATO. IL COLLETTINO COSÌ LO FACEVA SENTIRE DAVVERO TATTICO. PANTALONI VERDI CON TASCHINE LATERALI CHIUSE, A TRAZIONE LATERALE E LORO, I CALZETTI ANTISCIVOLO FUCSIA CON IL BATTISTRADA PER L'ASCIUTTO. A COMPLETARE IL TUTTO LA MASCHERA DA COW BOY PER RIPARARSI DAL VENTO E DALLA SABBIA (PER I NON ADDETTI AI LAVORI: IL CIUCCIO).

ALZATO IN PIEDI FURIA ROLLER GLI ERA DI FRONTE. IMPASSIBILE. IMPERSCRUTABILE COME SEMPRE.

ERANO L'UNO DI FRONTE ALL'ALTRO. CASPITA, A BAGIGIO SEMBRAVA DI ESSERE COME IN "MEZZOGIORNO

DI FUOCO", CON TANTO DI COLONNA SONORA IN SOTTOFONDO DI SERGIO LEONE. FU ALLORA, E SOLO ALLORA, CHE GUARDANDOLO FISSO NEGLI OCCHI E PUNTANDOLO CON IL DITO INDICE DELLA MANO SINISTRA, BAGIGIO GLI INTIMÒ: "GULI, GULI, GULI, MMM" (TRADOTTO: "È VENUTO IL TUO MOMENTO FURIA ROLLER WEST!").

FURIA ROLLER FERMO DOV'ERA LO GUARDAVA COME A DIRE: "MA CHE DICE 'STO QUI? MA CI VEDE BENE O CHE!".

ERA UN MOMENTO MOLTO INTENSO PER BAGIGIO TANT'È CHE DALL'EMOZIONE, NEL DIRE IN CONTINUAZIONE: "GULI, GULI, GULI, MMM", UN PO' DI BAVA GLI ERA SCESA DALLE LABBRA. MA LUI IMPERTERRITO AVEVA SFIDATO FURIA ROLLER. ORA TUTTO POTEVA ACCADERE. ANCHE CHE FURIA ROLLER IMBIZZARRITO, CORRESSE VIA, OPPURE CHE LA MAMMA VENISSE A INTERROMPERE UNA BATTAGLIA GIÀ IN CORSO.

ORA O MAI PIÙ, SI DISSE BAGIGIO.

IN UN ATTIMO, DOPO QUALCHE TENTENNAMENTO GLI BALZÒ SOPRA. E FURIA ROLLER STRANAMENTE SEMPRE FERMO. FINTANTO CHE, MENTRE CERCAVA DI DOMARLO, BAGIGIO AFFERRÒ CON LA MANO DESTRA LE CINGHIE DI FURIA E LÌ INIZIO A SCALPITARE, COME SEMPRE GLI AVEVA VISTO FARE MENTRE CORREVA, PER CORSO CORRIDOIO, VIA AMAZZONIA, PIAZZA CAMERA E AL GABINETTO. ROLLANDO, FUMANDO E STRILLANDO FURIA ROLLER SI ERA ACCESO. PER BAGIGIO ERA BELLISSIMO.

"BAGIGIO, AMORE, COSA STAI FACENDO DI BELLO. VEDO CHE HAI ACCESO L'ASPIRAPOLVERE. AMORE VOLEVI AIUTARMI A PULIRE LA CASA. VIENI QUI, DAI CHE ORA ANDIAMO A FARE UN GIRETTO. ANDIAMO A TROVARE LA NONNA, CHE HA PREPARATO UNA BUONA TORTA DI MELE E CIOCCOLATO", DISSE LA MAMMA.

DETTO QUESTO LA MAMMA PRESE FURIA ROLLER E LO RIPOSE AL SUO POSTO, NEL RIPOST.....NELLA SCUDERIA, MENTRE BAGIGIO TUTTO EMOZIONATO PER L'IMPRESA APPENA COMPIUTA, GUARDANDO L'INTREPIDA FURIA CALMARSI SGRANÒ I SUOI OCCHIONI E PENSÒ: "UÈ BIGI...... BIGI....... GULI..... GULI....... GULI" (TORTA DI MELE E CIOCCOLATO.......BUONNNA....BÒNA BÒNA!!.......UMM MA QUI MI SI PIGLIA PER LA GOLA.........E VA BEH, D'ALTRONDE QUALCUNO SI DOVRÀ PUR SACRIFICARE E ONORARE LA TORTA DELLA NONNA).

SI SA, PER BAGIGIO IL PIACERE DELLA GINNASTICA MANDIBOLARE E SUBLINGUALE VIENE PRIMA DI TUTTO! BEN INTESO, IL TUTTO SEMPRE A SCOPO SCIENTIFICO. "RICERCA PURA!!" DICEVA. RICERCA PUR A EDAPPLICATA ALLE VARIE MOLECOLE, GRASSI POLINSATURI, IDROGENATI E NON DELLE VARIE TIPOLOGIE ALIMENTARI DEPOSITATE SUL SEGGIOL......TAVOLO DA LAVORO CONFINATO NEL LABORATORIO IN CUC......BIOCHIMICO.

BAGIGIO E LA BARCA A VELA

QUELLA DI OGGI PER BAGIGIO PARE ESSERE UNA GIORNATA INDIMENTICABILE.

A PROPOSITO. IN DIVERSI HANNO SCRITTO, A VOLTE SENZA NEANCHE SAPERE BENE COSA. IN TROPPI POI NE HANNO PARLATO, MA SPESSO NON SAPENDO BENE QUELLO CHE DICEVANO. IN NUMEROSI INFINE MILLANTANO DI SAPERE, QUANDO MAGARI È SOLO PER SENTITO DIRE.

PER BAGIGIO NON CI SONO STORIE, MA SOLO ESPERIENZE VISSUTE.

VISSUTE SULLA SUA PELLE E SUL PANNOLINO, QUANDO LE CIRCOSTANZE LO RICHIEDEVANO.

COME ADESSO!!!! OOOOOOO!!!!!!!!!

SCUSATE. DOVE ERAVAMO RIMASTI........A SÌ!

QUELLA DI OGGI SAREBBE STATA UNA GIORNATA STORICA, TUTTO ERA PRONTO. O MEGLIO LUI ERA PRONTO. IL MITICO ED INIMITABILE BAGIGIO.

PRIMA DI INIZIARE, PERÒ ERA BENE DOCUMENTARSI CON LA STAZIONE METEO. NON SI SA MAI!!

LE PREVISIONI DICEVANO: "IL TEMPO SARÀ VARIABILE O POCO NUVOLOSO CON AMPIE SCHIARITE AL CENTRO NORD".

BAGIGIO GUARDA, ASCOLTA E TRA SÉ E SÉ DICE: "GDÈ,......GDÈ!" "CHE COSA!!!! E MENO MALE CHE SAREI IO QUELLO CHE NON È CHIARO!"

VISTO CHE LE IDEE SI ERANO CONFUSE UN PO', DECISE DI FARE DA SÉ.

ALLORA GUARDÒ FUORI DALLA FINESTRA E VIDE CHE IL CIELO ERA AZZURRO, DI UN AZZURRO SCONFINATO. IL VENTO SOFFIAVA MODERATAMENTE, MENTRE IL SOLE RISCALDAVA OGNI COSA.

"GULI GULI GULI, GDÈ" "E' LA GIORNATA IDEALE" PENSÒ. E ALLORA ANDIAMO, VENTO IN POPPA E VIA DI BOLINA!!

EBBENE SI, BAGIGIO AVEVA TROVATO IN CASA, DIMENTICATA CHISSÀ PERCHÉ, UNA SPLENDIDA BARCA A VELA. ED ORA CHE MAMMA E PAPÀ ERANO DISTRATTI AVEVA DECISO DI PRENDERE IL LARGO PER NAVIGARE UN PO' IN SOLITARIA.

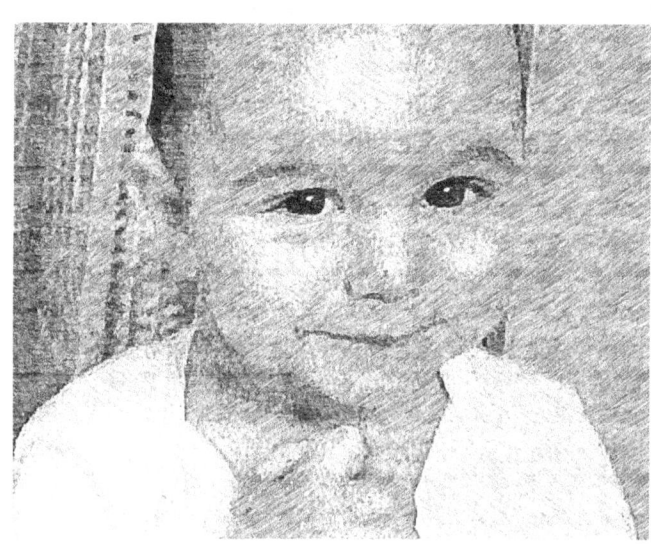

CAZZA LA RANDA, SEGUI IL MAESTRALE, ALZA L'ANCORA, GIRA IL TIMONE E MI RACCOMANDO, PRENDI IL CIUCCIO!! DICEVA TRA SÉ E SÉ. SAREBBE STATA PROPRIO UNA BELLA GITA IN BARCA. AVEVA APPENA CIRCUMNAVIGATO "CAPO VASCA DA BAGNO" E SI APPRONTAVA A PUNTARE LA PRUA VERSO IL "FARO DEL WATER", QUANDO UN'IMPROVVISA ONDA ANOMALA LO SOLLEVÒ COMPLETAMENTE.

"MAMMA MIA CHE PAURA!" PENSÒ BAGIGIO, "A MOMENTI MI RIBALTO! MENO MALE CHE LA MIA BARCA È SOLIDA E STABILE. SARÀ MEGLIO CALARE UN PO' IL VELEGGIO ED ESSERE PIÙ CAUTI". COSÌ DICENDO SI RECÒ A POPPA DECISO A RIDURRE UN PO' IL NUMERO DEI NODI, MA PROPRIO LE COSE NON ANDAVANO BENE!

SI ERA INFATTI ACCORTO CHE C'ERA UNA FASTIDIOSA INFILTRAZIONE D'ACQUA CHE AVREBBE POTUTO COMPROMETTERE LA NAVIGAZIONE!

"E ADESSO? COSA FACCIO?". PRESO DA UN PO' DI SCONFORTO SI GUARDÒ IN GIRO E PER FORTUNA GLI VENNE IN AIUTO LA BUONA SORTE.

RIUSCÌ INFATTI A TROVARE AL VOLO UN MATERIALE CHE PAREVA PROPRIO ADATTO AL CASO SUO.

NASTRO NAUTICO PER RIPARAZIONI RAPIDE - DICEVA L'ETICHETTA.

IDEALE PER ASSORBIRE LE INFILTRAZIONI E RIPARARE LE FALLE.

"CASPITA", DISSE BAGIGIO, "MA QUESTA È PROPRIO FORTUNA!" COSÌ SI MISE SUBITO ALL'OPERA E SROTOLÒ GENEROSAMENTE IL MATERIALE MAGICO.

IN EFFETTI LE COSE ANDARONO SUBITO MEGLIO E L'INFILTRAZIONE NON SEMBRAVA PIÙ UN PROBLEMA TANTO PREOCCUPANTE.

"PERÒ", DISSE BAGIGIO, "PREVENIRE È SEMPRE MEGLIO CHE CURARE!"

E COSÌ AGGIUNSE ANCORA UN PO' DI NASTRO ALL'INTERNO DELLA BARCA. ECCO, ORA POTEVA CONTINUARE A NAVIGARE E DOPO AVER RAGGIUNTO E PASSATO IL FARO, ERA ORA DIRETTO ALLA VOLTA DEL PROMONTORIO LAVANDINO.

DOVETE SAPERE CHE IL PROMONTORIO DEL LAVANDINO ERA UNA LOCALITÀ RICCA DI TESORI TRA I PIÙ VARI E CURIOSI!! SPESSO IL NOSTRO EROE AVEVA SENTITO PROFUMI INEBRIANTI GIUNGERE DA QUEL LUOGO ED OGNI TANTO GLI CAPITAVA DI EFFETTUARE RITROVAMENTI DI OGGETTI STRANI E MAGICI SUL PAVIMENTO ... PARDON ... SULLE SPIAGGE DEL GOLFO DEL PROMONTORIO. LÌ, INFATTI, ACCANTO AL CESTO DEI PANNI SPORCHI ... RIPARDON ... ACCANTO ALL'ISOLA DEGLI ULTRAODOROSI, SI RITROVAVANO SPAZZOLINI DA DENTI, OMBRETTI, TAGLIAUNGHIE DI VARI FORMATI, BIGODINI, TUBETTI DI DENTIFRICIO, PENNELLI VARI, ANELLI E GIOIELLI ...(MA QUANTA ROBA LASCIANO CADERE MAMMA E PAPÀ!?).

INOLTRE ERA RISAPUTO CHE IN QUEI LUOGHI VENISSERO EFFETTUATI INTERROGATORI E TORTURE TRA

LE PIÙ VIOLENTE E DOLOROSE. DOMANDE COME: "TI SEI LAVATO LE MANI?" "DOBBIAMO LAVARE IL CULETTO!" "DOBBIAMO CAMBIARE IL PANNOLINO!!" ERANO ALL'ORDINE DEL GIORNO E SFOCIAVANO NELLA TEMUTA TORTURA A BASE DI ACQUA E SAPONE!!

ERA QUASI CONVINTO DI AVER PASSATO IL GROSSO PERICOLO QUANDO, GIRATOSI DI SCATTO, VIDE DIETRO DI SÉ IL PIÙ TEMUTO E PERICOLOSO DEI PIRATI: "IL PIRATA SATTE ODOROSE".

VANI FURONO I TENTATIVI DI SCAPPARE E METTERSI IN SALVO! IL PIRATA SATTE ODOROSE, ARMATO DI FIOCINA E RETE, A PASSO PICCOLO SPERONÒ LA BARCA A VELA DI BAGIGIO. A QUEL PUNTO IL NASTRO NAUTICO CEDETTE E L'INFILTRAZIONE D'ACQUA PEGGIORÒ.

LA BARCA SEMBRAVA PERDUTA E CON ESSA TUTTO IL SUO PREZIOSO CARICO! MA COSA ANCOR PIÙ ANGOSCIANTE ERA L'ATTESA DELLE TORTURE AL SAPONE, CHE SICURAMENTE AVREBBE DOVUTO SUBIRE DI LÌ A BREVE.

FU ALLORA CHE L'INQUIETANTE PIRATA DECISE DI PARLARE E DISSE: "MA BAGIGIO, COSA HAI COMBINATO NEL BIDÈ? PERCHÉ HAI APERTO I RUBINETTI E COSA CI FA TUTTA QUELLA CARTA IGIENICA IN GIRO PER IL BAGNO? MA POSSIBILE CHE NON TI POSSIAMO MAI LASCIARE SOLO UN ATTIMO? E POI COME HAI FATTO A PORTARE DI QUI LE PIANTINE DELLA MAMMA? VIENI CARO CHE TI LAVO LE MANI CON IL SAPONE". CASPITA, PENSÒ BAGIGIO, NON HO CAPITO UN TUBO DI TUTTO QUELLO CHE HA DETTO, MA SE RIESCO A SOPPORTARE LE SUE TORTURE E A NON

SPIFFERARE NULLA FORSE AVRÒ LA POSSIBILITÀ DI FUGGIRE!!!
ED ALLORA POTRÒ RIPRENDERE IL MARE!!!!!

BAGIGIO E LA PAROLINA MAGICA

COME OGNI GIORNO, DOPO UNA BUONA DORMITA NOTTURNA INTERVALLATA DA DIVERSI RISVEGLI (TANTO PER FAR SENTIRE MAMMA E PAPÀ ANCORA DEGLI AITANTI GIOVANOTTI, COME NEL FILM "LA FEBBRE DEL SABATO SERA"), BAGIGIO SI APPRESTAVA A GUSTARSI TUTTO CIÒ CHE IL MONDO AVEVA IN SERBO PER LUI. DOVETE SAPERE CHE OGNI MATTINA AL DESTARSI DEI SUOI OCCHI ERA COME SE SI APRISSERO DUE FINESTRE SULL'UNIVERSO; TUTTO AVEVA UN CHE DI MISTERIOSO E MERITAVA DI ESSERE OSSERVATO. I SUOI GIOCATTOLI AD ESEMPIO, AVEVANO SEMPRE QUALCOSA DI INTERESSANTE DA

MOSTRARE. FIGURARSI POI, TUTTO QUELLO CHE VEDEVA PER LA PRIMA VOLTA. NE RIMANEVA LETTERALMENTE INCANTATO.

MAH!!! FERMI UN ATTIMO!!!!!! BAGIGIO SI È SVEGLIATO!

E SÌ, OCCORRE FERMARSI UN ATTIMO PERCHÉ IL RISVEGLIO, SI SA, È UN MOMENTO ESTREMAMENTE DELICATO. PUÒ CONDIZIONARE IL RESTO DELLA GIORNATA. E I DORMIGLIONI LO SAN BENE. QUINDI, NON È IL CASO DI METTERE FRETTA!!!!! DOPO OGNI RISVEGLIO

PER BAGIGIO C'ERA UN RITUALE DI CUI NON POTEVA FARE A MENO. MI RIFERISCO ALLA COLAZIONE. VERAMENTE DELIZIOSA!!CONSISTEVA IN UNA GENEROSA SCODELLA DI LATTE OFFERTA DALLA MAMMA ALLA GRADEVOLE TEMPERATURA DI 36° CENTIGRADI. PER BAGIGIO ERA UNA PRELIBATEZZA DA LECCARSI LE GENGIVE. OCCORRE SAPERE PERO UNA COSA: A RENDERE SPECIALE LA COLAZIONE NON ERA TANTO IL LATTE QUANTO LA TAZZA DEL LATTE. QUESTA INFATTI ERA LA COSA MIGLIORE CHE GLI CAPITAVA DURANTE TUTTA LA GIORNATA. E SÌ!!! PERCHÉ LA TAZZA DI LATTE CONSISTEVA NELLE CALDE BRACCIA DELLA MAMMA CHE EMANAVANO COSTANTEMENTE COCCOLE E CAREZZE. BISOGNA DIRLO, LA COLAZIONE LO FACEVA SENTIRE DIVINAMENTE BENE. ERA UN ESTASI DI SAPORE E DI PROFUMI!

DOPO QUESTA LECCORNIA LA MAMMA AVEVA ABITUATO BAGIGIO AD ALTRI RITUALI. DOPO LA COLAZIONE LO ASPETTAVA IL BAGNETTO A BASE SI ESTRATTI DI AMIDO DI RISO CON FIOCCHI DI AVENA. A SEGUIRE, IL MASSAGGIO CON OLIO DI MANDORLE DOLCI E ALL'OCCORRENZA SOFFIATE DI TALCO QUA E LÀ ALL'AROMA DI NOCCIOLO SELVATICO. DOPODICHÉ SI PROCEDEVA AL CAMBIO DEL PANNOLINO. BAGIGIO NE AVEVA BEN DUE TIPI A SECONDA DELLE ESIGENZE. AVEVA QUELLO PER LA NOTTE, CHIAMATO VASINO DA CAR CON 15 LITRI DI AUTONOMIA E QUELLO DA GIORNO ULTRA SGAMBATO PER AGEVOLARE I MOVIMENTI DOTATO DI MCAI (MINIGONNE CONTENITIVE ANTI FUORIUSCITA). A

SEGUIRE IL MOMENTO DELLA VESTIZIONE. LA MAMMA SCEGLIEVA IL CAPO DELL'ABBIGLIAMENTO SCRUPOLOSAMENTE SECONDO UNA LOGICA PRECISA. C'ERANO GLI ABITI DA GIORNO DELLA LINEA "PRONTI E VIA", QUELLI DA NOTTE DELLA LINEA "DORMI BEN" E QUELLI DELLE OCCASIONI DELLA LINEA "TROPPO BEL". A COMPLETARE IL TUTTO, COLPI DI SPAZZOLA AL PROFUMO DI TÈ VERDE CON ESSENZA DI LIMONE CANDITO AL GELSOMINO. UNA VERA SCICCHERIA!!

ERANO RITUALI SOPRAFFINI CHE SCANDIVANO TUTTI I GIORNI DI BAGIGIO.

UN GIORNO DOPO L'ALTRO. UN GIORNO DOPO L'ALTRO.

MA GIORNO DOPO GIORNO, NONOSTANTE FOSSE PIACEVOLE TUTTO CIÒ, QUALCOSA INIZIAVA A SFUGGIRGLI. AL TERMINE DELLA GENEROSA SCODELLA DI LATTE, BAGIGIO AVREBBE PREFERITO DI GRAN LUNGA ANDARE. ANDARE, ANDARE, ANDARE. VIA, VIA, VIA. DOVE POI, LO SAPEVA SOLO LUI. LUI E IL SUO CIUCCIO, DA CUI NON SI SEPARAVA MAI!!

TRANNE CHE PER LA PAPPA S'INTENDE.

ULTIMAMENTE ERA DIFFICILE ANCHE SOLO AVVICINARLO ALL'ACQUA. A VOLTE INFATTI PIANGEVA, ALTRE SI DIVINCOLAVA, ALTRE ANCORA SI LAMENTAVA PER POI RIDERE SE LA MAMMA CI SCHERZAVA, A VOLTE POI MANIFESTAVA IL SUO DISAPPUNTO CON TUTTA UNA SERIE DI:"AAAAAAA",OPPURE "MMMMMMMMAAAAAAAAAAA". LI DICEVA CON UN TONO DI VOCE COSÌ ALTO, MA COSÌ

ALTO, DA FAR MALE ALLE ORECCHIE DELLA MAMMA, MENTRE CHI ERA NEI PARAGGI POTEVA PENSARE CHE LA STESSA SI ADOPERASSE PER SCUOIARLO!!!! ESAGERATO D'UN BAGIGIO!!!

SICCOME LA MAMMA NON ERA POI COSÌ TANTO STORDITA, UN GIORNO SI FECE FURBA. DOPO AVER FATTO UNA SEDUTA DI TRAINING AUTOGENO (UTILE PER CONTROLLARE LE PROPRIE REAZIONI FISIOLOGICHE DERIVANTI DA PARTICOLARI SITUAZIONI DI CONFLITTO) E DI REBIRTHING (TECNICA DI RILASSAMENTO CHE FONDE ARMONIOSAMENTE INSPIRAZIONE ED ESPIRAZIONE, SCIOGLIENDO LE TENSIONI), MUNITA DI ASCIUGAMANO E SPUGNA ERA PRONTA PER RINFRESCARE IL SUO PICCOLO DOPO LA NOTTATA. MENTRE LA MAMMA RILASSATISSIMA LO LAVAVA, BAGIGIO CHE FERMO NON RIUSCIVA A STARE,

AGITANDOSI E DIMENANDOSI PRESE DAL LAVANDINO LO STRUMENTO MARZIALE: LO "SPADONE". ESERCITARSI PER LUI ERA SEMPRE MOLTO APPAGANTE, ANZI ACQUIETANTE. DATA LA SITUAZIONE ERA L'IDEALE.

DOPO AVERLO LAVATO DA TESTA A PIEDI, LA MAMMA, SEMPRE MOLTO RILASSATA, LO IMPOMATÒ PER BENINO E GLI CAMBIÒ IL PANNOLINO. E COSÌ ANDÒ AVANTI PER QUASI UNA SETTIMANA FINO A QUANDO, UN GIOVEDÌ MATTINA, ANZICHÉ DIMENARSI BAGIGIO STETTE FERMO E STRANAMENTE SI LASCIÒ CAMBIARE.

"CASPITA!!!" PENSÒ LA MAMMA "GLI AVRÒ MICA PASSATO QUALCHE INFLUSSO DEL TRAINING AUTOGENO CHE HO APPENA FATTO? FORSE NE HO FATTO TROPPO STAVOLTA. E SÌ!! 3 ORE SONO TANTE. VA BEH!!! COMUNQUE HA FUNZIONATO"

IN REALTÀ BAGIGIO MICA STAVA FERMO COME PENSAVA LA MAMMA. LUI ERA INTENTO A FARE IL GIOCO DEI MIMI, ED IN QUEL MOMENTO STAVA IMITANDO LA RILASSATISSIMA MAMMA IN MANIERA EGREGIA.

TANTO CHE LA MAMMA CI ERA CASCATA. CI ERA CASCATA COSÌ BENE CHE, TRA UN IMPOMATATA ED UNA SPAZZOLATA, NON SI ERA ACCORTA CHE BAGIGIO STAVA INTRATTENENDO UN'ACCESA CONVERSAZIONE CON LO SPADONE E LA SUA CUSTODIA. INFATTI, SICCOME LA CUSTODIA NON VOLEVA SAPERNE DI TORNARE AL SUO POSTO, BAGIGIO GLIENE STAVA DICENDO DI TUTTI I COLORI.

COSA?????? CHE COSA HO DETTO?!!!? HO PROPRIO DETTO UN'ACCESA CONVERSAZIONE!!!!!!??

VA CHIARITO INFATTI CHE I GRIDOLINI DI BAGIGIO NON ERANO PIÙ I SOLITI GRIDOLINI: ORA SENTIRE AAA, MMAAA, MMM ERA ASCOLTARE UN VERO E PROPRIO DIALOGO!! CIURBI!! UNA VERA PAROLINA MAGICA!!

DUE SUONI CHE ESPRIMONO UN MONDO DI COSE!

E SÌ!! E SÌ!! BAGIGIO HA INIZIATO A INTRATTENERE DELLE STIMATE E APPREZZATE CONVERSAZIONI. LA MAMMA, DA RILASSATA QUAL'ERA, NON SE NE ERA ACCORTA. O ALMENO COSÌ SEMBRAVA!! O ANCHE LEI GIOCAVA AI MIMI E PER L'OCCASIONE MIMAVA QUALCHE PERSONAGGIO STRANO!! MAH!

UNA COSA È CERTA: APPARENTEMENTE NON SI ERA ACCORTA DELLE CONVERSAZIONI CON LO SPAZZOLINO, O DI QUELLE CON LA CAFFETTIERA, O CON LO SCOLAPASTA E PERCHÉ NO, CON LA MOLLETTA DELLO STENDIBIANCHERIA.

GRAZIE ALLA CONQUISTA DELLE PRIME "PAROLE", BAGIGIO ERA TORNATO A VIVERE LA VESTIZIONE NON PIÙ COME UNA NOIOSA PERDITA DI TEMPO, MA COME UN'OCCASIONE PER ESPRIMERE ALL'OGGETTO DI TURNO IL SUO PARERE SU COME LA PENSAVA.

ORA SI SPIEGA QUELLO STRANO SENSO DI FREMITO. BAGIGIO NON SI STAVA ANNOIANDO SUL FASCIATOIO, IN REALTÀ SI DIVINCOLAVA PER CERCARE DI ACCHIAPPARE LA PAROLA CHE GLI SFUGGIVA DALLA BOCCA. ECCO CHE PER PRENDERLA DOVEVA DARSI DA FARE PER RINCORRERLA.

MMM E MI SA TANTO CHE SI PREANNUNCIANO NON SOLO CORSE, MA VERE E PROPRIE MARATONE!!

BAGIGIO RUBACUORI

BAGIGIO È UN BAMBINO INCANTEVOLE, SI SA! OGNI QUALVOLTA SPALANCA GLI OCCHIONI FA LETTERALMENTE SCIOGLIERE CHIUNQUE ABBIA LA FORTUNA DI INCROCIARE IL SUO SGUARDO.

MA SI ACCORSE DI ESSERE UN VERO E PROPRIO SEDUTTORE QUANDO SI TROVÒ A SEGUIRE IL BABBO E LA MAMMA AD UN CORSO DI SPECIALIZZAZIONE, CHE PREVEDEVA UNA TRASFERTA DI QUALCHE GIORNO LONTANI DA CASA. DURANTE LA TRASFERTA, BAGIGIO AVREBBE VISTO UN POSTO NUOVO DOVE C'ERA TANTA GENTE; AVREBBE MANGIATO AL RISTORANTE E AVREBBE DORMITO SUL SUO LETTINO DA VIAGGIO. CHE EMOZIONE! CHE BRIO!!!

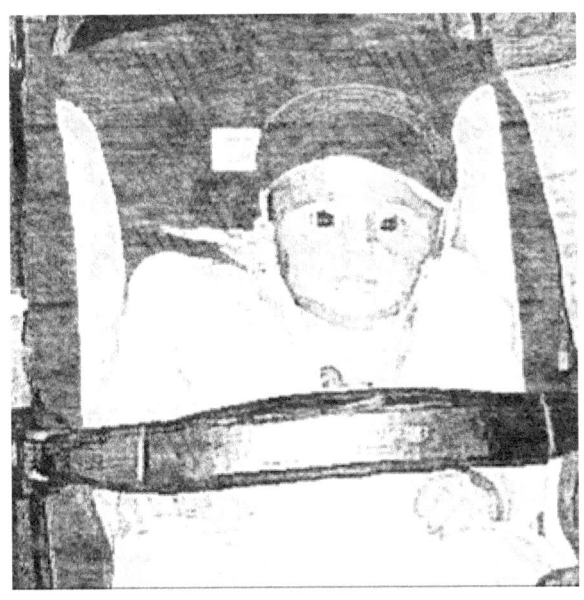

IL VIAGGIO FU UN VERO SPASSO. SEDUTO SUL SUO SEGGIOLONE POSTERIORE SPORTIVISSIMO E DOTATO DI OGNI CONFORT, DORMÌ BEATAMENTE PER TUTTO IL VIAGGIO, GIUNGENDO A DESTINAZIONE RIPOSATO E PRONTO PER CONOSCERE OGNI ANGOLO DELLA STRUTTURA CHE LI AVREBBE OSPITATI. DEL PRIMO GIORNO BAGIGIO HA MOLTI RICORDI CONFUSI: UN SACCO DI PERSONE MAI VISTE CHE SI AVVICINAVANO PER CONOSCERLO, L'EMOZIONE PER ESSERE IN UN POSTO NUOVO DOVE TUTTO ERA DA SCOPRIRE, L'ACCORGERSI CHE DI TANTO IN TANTO LA MAMMA SCOMPARIVA PER RIAPPARIRE QUANDO MENO SE LO ASPETTAVA, MENTRE IL PAPÀ, DIVERSAMENTE DAL SOLITO, ERA TUTTO PER LUI, ED INFINE NOTÒ SUBITO LA PRESENZA DI STRANI PERSONAGGI DOTATI DI CASCO (CONOSCERANNO MICA IL VASCO DEL BLASCO COL CASCO!!! PENSÒ), CHE SEMPRE SI FERMAVANO A GUARDARLO PER DIRGLI QUANTO ERA BELLO E SIMPATICO.

LA SERA DELL'ARRIVO BAGIGIO, DOPO UN LAUTO PASTO (A BASE DI LATTE), SI RITIRÒ MOLTO PRESTO NELLA STANZA, PIOMBANDO IN UN SONNO PROFONDO. COME PRIMO GIORNO LE EMOZIONI ERANO STATE DAVVERO TROPPE!! DORMÌ COSÌ PESANTEMENTE CHE NON SI ACCORSE DEL GIACIGLIO IN CUI ERA STATO MESSO.

DIVERSAMENTE DA QUANTO PROGRAMMATO INFATTI, MAMMA E PAPÀ, UNA VOLTA GIUNTI NELLA STANZA, DECISERO DI LASCIARE IL LETTINO DA VIAGGIO IN MACCHINA. LA STANZA ERA MOLTO PICCOLA ED IL

LETTINO AVREBBE OCCUPATO TROPPO POSTO, IMPEDENDO COSÌ A BAGIGIO DI SCORRAZZARE LIBERAMENTE E QUINDI.....CAMBIO DI PROGRAMMA!!

SICCOME NELLA STANZA C'ERA UNA GRANDISSIMA POLTRONA, MAMMA E PAPÀ PENSARONO CHE SI SAREBBE BEN ADATTATA AL RUOLO DI LETTO. E COSÌ FU! LA MAMMA MISE LE LENZUOLA E LA COPERTINA CHE AVEVA PORTATO DA CASA, DOPODICHÉ AVVICINÒ LA POLTRONA ALLA PEDIERA DEL LETTO DI PAPÀ, PER EVITARE CHE POTESSE CADERE, INFINE ADAGIÒ BAGIGIO ADDORMENTATO. EEEE OPLÀ!! SEMBRAVA UN NIDO PER PASSEROTTI.

"ASSOLUTAMENTE DELIZIOSO!!" DISSE LA MAMMA.

LA SOLUZIONE APPARVE SUBITO GENIALE PERCHÉ IN QUESTO MODO TUTTI SI SAREBBERO POTUTI MUOVERE AGEVOLMENTE, SOPRATTUTTO BAGIGIO!!

ANCHE MAMMA E PAPÀ ANDARONO PRESTO A LETTO. IL PARGOLO DI NOTTE SI SVEGLIAVA ANCORA PER MANGIARE, QUINDI ERA IL CASO DI APPROFITTARE DI OGNI ISTANTE PER RIPOSARE.

AL MATTINO BAGIGIO NOTÒ DELLE DIVERSITÀ. NON TANTO IL CAMBIO DI LETTINO QUANTO IL PANORAMA. UNA COSA SCURA E ODOROSA LO SOVRASTAVA IMPEDENDO UNA BUONA VISUALE.

"CHE SARÀ MAI!!" PENSÒ. CON LE MANINE ALLORA DECISE DI AFFERRARLA PER VEDERE DI CHE COSA SI TRATTAVA, MA SOPRATTUTTO PER TOGLIERLA DI MEZZO. A QUEL PUNTO, ALLE 6,10 DEL MATTINO, UN URLO

SOMMATO AD UNA RISATA FRAGOROSA RUPPE IL SILENZIO DELL'INTERA STRUTTURA.

"MA COSA STA SUCCEDENDO!! NON CAPISCO, COSA È STATO!!!!" DISSE IL PAPÀ RINTRONATO DAL SONNO.

CON CALMA SERAFICA ED OCCHIO VELATO DAL SONNO LA MAMMA REPLICÒ: "COSA STA SUCCEDENDO DOVE, COSA! HAI FATTO UN BRUTTO SOGNO PER CASO? VUOI VEDERE CHE HAI DIGERITO MALE LA CENA. BEH, VISTI I VASSOI DI COZZE CHE TI SEI INGURGITATO, È PIÙ CHE COMPRENSIBILE!!". PER UNA CHE DORMIVA DI GROSSO, QUATTRO AFFERMAZIONI DEL GENERE IN MENO DI UN SECONDO APPARVERO DAVVERO UN'IMPRESA ALLE ORECCHIE UN PO' RINTRONATE DEL BABBO, CHE DOPO SVARIATI ATTIMI, RIUSCÌ A FORMULARE LA SEGUENTE RISPOSTA: "MA NO, CHE COZZE E COZZE, QUALCUNO MI HA FATTO IL SOLLETICO!! MICA ME LO SARÒ SOGNATO?"

ORMAI DESTA E DOPO AVER PRESO VISIONE DELL'ACCADUTO, LA MAMMA RIPRESE: "MA NO CHE NON TE LO SEI SOGNATO. NON TE LO SEI SOGNATO PERCHÉ È STATO BAGIGIO CHE È LI CHE CERCA DI AFFERRARE O FORSE DI SPOSTARE IL TUO PIEDE MA TU CONTINUI A MUOVERTI. STAI FERMO, COSÌ IL PICCOLO SI DIVERTE UN PO'".

"AH... ECCO COSA È STATO!" REPLICÒ IL PAPÀ, AFFATTO CONTENTO DELLA PROPOSTA DELLA MAMMA DI FAR GIOCARE BAGIGIO CON I SUOI PIEDI. IL SOLLETICO, INFATTI, ERA UNO DEI SUOI PUNTI DEBOLI.

DETTO CIÒ E LORO MALGRADO, DOVETTERO ALZARSI E SI PREPARARONO PER LA COLAZIONE.

QUANDO SCESERO NELLA SALA DA PRANZO LE TAVOLE ERANO GIÀ IMBANDITE MA, VISTA L'ORA, NON C'ERA ANCORA NESSUNO; E COSÌ MAMMA E PAPÀ NE APPROFITTARONO PER FAR CONOSCERE A BAGIGIO IL POSTO.

ANCORATO ALLE BRACCIA DELLA MAMMA BAGIGIO, ATTENTO, ASCOLTAVA I DISCORSI DI MAMMA E PAPÀ, RECLAMANDO DI TANTO IN TANTO MA, CASO VUOLE, SOLO IN CONCOMITANZA DI OGNI VASSOIO PIENO DI CIBO; E SÌ, ASSOMIGLIAVA PROPRIO AL PAPÀ!! COMUNQUE MAMMA E PAPÀ ERANO COSÌ ASSORTI NEL LORO PARLOTTARE CHE ASSECONDAVANO LE RICHIESTE DEL PICCOLO QUASI SENZA ACCORGERSENE, E COSÌ, IN MEN CHE NON SI DICA, BAGIGIO SI RITROVÒ PIENO DI BISCOTTI, FETTE DI PANE, MARTELLATINE, ARANCE E TANTO ALTRO ANCORA, CHE REGOLARMENTE INFILAVA NELLO ZAINO DELLA MAMMA. VERSO LE 8 ARRIVARONO UN SACCO DI ALTRI OSPITI CHE, RINTRONATI PIÙ DI MAMMA E PAPÀ SE LA CONTAVANO, OSSERVANDO E SORRIDENDO AL PICCOLO BAGIGIO.

COMUNQUE, RISPETTO AL GIORNO PRECEDENTE, IL NOSTRO EROE SI SENTIVA GIÀ IN PIENA FORMA E DECISO A FARSI CONOSCERE!!

FU COME AL SOLITO UN VERO SUCCESSO!! UNA RIDDA DI "MA CHE BEL BAMBINO" "MA CHE DOLCE" "MA CHE

CARINO" ECC. ECC. RIEMPÌ TUTTI I DISCORSI DEI CORSISTI, DA QUEL MOMENTO E FINO ALL'INIZIO DELLE LEZIONI.

MAMMA E PAPÀ ERANO TRONFI DI ORGOGLIO E BAGIGIO GIÀ INIZIAVA, CON IL SUO AMMALIANTE FASCINO, A CONQUISTARSI TUTTO L'AUDITORIO FEMMINILE.

RESTAVANO SEMPRE QUELLE STRANE FIGURE COL CASCO CHE ERANO TANTO GENTILI QUANTO IMPERSCRUTABILI...MA DI LORO DIREMO PIÙ AVANTI.

FU COMUNQUE A PRANZO CHE BAGIGIO DIEDE IL MEGLIO DI SÉ!! COME VICINA SI TROVÒ INFATTI UNA RAGAZZOTTA (DA SIGNORE QUALE ERA, NON AVREBBE MAI IRONIZZATO SULL'ETÀ DI UNA SIGNORA!) UN PO' SOVRAPPESO, UN PO' DEPRESSA, UN PO' SPAESATA E CHISSÀ COS'ALTRO ANCORA. INCURIOSITO, BAGIGIO, PER GUARDARLA MEGLIO, SPALANCÒ GLI OCCHI SULLA ZIT...PARDON, SULLA SIGNORINA, E CONSCIO DEL SUO FASCINO, CONTINUÒ A FISSARLA, FINO A QUANDO TUTTI VIDERO CHIARAMENTE UN ANGIOLETTO, DAL NOME RIDICOLO DI STUPÌDO, O FORSE CUPIDO, MA NON HA IMPORTANZA, SVOLAZZARE SOPRA LA RAGAZZOTTA. QUESTI VOLTEGGIANDO NELL'ARIA, SI FERMÒ SOPRA L'ATTEMPATA FANCIULLA, PRESE LA MIRA E STAC!! FECE SCOCCARE UNA FRECCIA DORATA DRITTA DRITTA VERSO IL SUO CUORE. UN CUORE CHE DA TEMPO ERA RICOPERTO DI GHIACCIO, PROPRIO COME IN SIBERIA.

MA GLI EVENTI TRAVOLSERO L'ATTIMO MAGICO ED IL PRANZO TERMINÒ; PER BAGIGIO ERA ORA DI ANDARE TRA LE BRACCIA DI MORFEO, GIUSTO PER UN PISOLINO

RISTORATORE, COSA CHE ANCHE IL BABBO GRADÌ
MOLTISSIMO PERCHÉ COSÌ AVREBBE POTUTO FAR
COMPAGNIA AL SUO PICCOLO. D'ALTRA PARTE...MICA LO SI
POTEVA LASCIARE DA SOLO!!

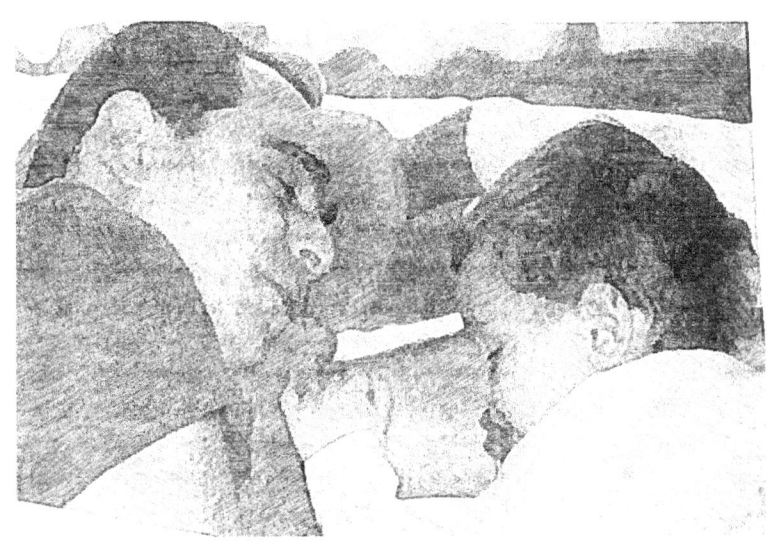

AL RISVEGLIO, BAGIGIO E PAPÀ SCESERO NEL PIAZZALE
DELLA STRUTTURA PER GIOCARE. INIZIARONO
UN'ATTENTA ESPLORAZIONE DEL PARCO, RICCO DI ALBERI
E FIORI, E DI TUTTO IL PALAZZO, COMPOSTO, FRA
L'ALTRO, DA UN CORTILETTO PORTICATO DOVE SI POTEVA
SCORAZZARE CON IL BELLO ED IL CATTIVO TEMPO. AL
CENTRO DEL CORTILE POI C'ERA UNA FONTANELLA CHE
AVREBBE DATO MOLTISSIMO LAVORO A PAPÀ, VISTA LA

FERMA INTENZIONE DI BAGIGIO DI FARE AMICIZIA CON I PESCIOLINI OSPITI DELLA VASCA. DOPO NON POCHE FATICHE, VENNE RAGGIUNTO UN COMPROMESSO: GUARDARE E TOCCARE POCO, GIUSTO IL MINIMO INDISPENSABILE, FU IL MASSIMO CHE PAPÀ RIUSCÌ A MERCANTEGGIARE CON IL SUO PICCOLO. SEMPRE PIÙ PREOCCUPATO PER UN PROBABILE TUFFO IN ACQUA DEL SUO BIMBO, IL BABBO VENNE SALVATO DAL SUONO DI UNA MISTERIOSA CAMPANELLA.

BAGIGIO, DISTRATTO DA QUEL NUOVO SUONO, SI VOLTÒ IMMEDIATAMENTE E FU FOLGORATO DA UNA PROCESSIONE DELLE STRANE FIGURE COL CASCO IN TESTA COME QUELLE VISTE AL MATTINO; NOTÒ CHE SI STAVANO RIUNENDO IN UN ANGOLO DEL PORTICATO, PER POI SPARIRE DI COLPO! POI SUONI E CANTI INVASERO TUTTO IL CORTILE.

"COSA SARÀ MAI!!?? VUOI VEDERE CHE QUELLA CAMPANELLA FA COMPARIRE E SCOMPARIRE LE PERSONE. UHMM, INTERESSANTE. MA ALLORA....SE TIRO IL FILO...LA MAMMA RICOMPARE....VISTO CHE NON LA VEDO NEI PARAGGI. CI DEVO ASSOLUTAMENTE PROVARE!! ANCHE PERCHÉ MI STA VENENDO UN CERTO LANGUORINO..." PENSÒ BAGIGIO.

IN CONCOMITANZA CON IL BREAK DEL POMERIGGIO LA CAMPANELLA SUONÒ. IN QUEL MOMENTO AGLI OCCHI DI BAGIGIO COMPARVE LA MAMMA.

CASPITA!! ECCO CONFERMATA LA SUA IPOTESI E, DA STUDIOSO QUAL ERA, STAVA GIÀ PENSANDO A COME

RAGGIUNGERE LA CORDA PER FAR SUONARE LA CAMPANELLA.

MA NON CI RIMUGINÒ SU POI TROPPO PERCHÉ LA MAMMA GLI DIEDE LA MERENDA, CHE INIZIÒ A "CIUCCIARE" TUTTO GODUTO E SODDISFATTO.

IL POMERIGGIO VOLÒ VIA NEL TENTATIVO DI CONVINCERE IL BABBO CHE NON FACEVA POI TROPPO FREDDO PER FARE UN "TUFFO IN PISCINA", VICINO AI PESCI, DENTRO QUELLA BELLISSIMA FONTANA INCONTAMINATA; MA IL BABBO SI RIVELÒ PROPRIO ESSERE UN TESTONE ED IL NOSTRO EROE DOVETTE DESISTERE...PER NON FARLO PIANGERE.

VENNE FINALMENTE L'ORA DI CENA. FINALMENTE ALMENO PER IL PAPÀ, QUASI ORBO ORMAI PER LA FAME. E GIUSTO PERCHÉ NON CI VEDEVA PIÙ MOLTO BENE, BRUTTA BESTIA QUESTA FAME, PER POCO NON INVESTIVA LA SIGNORINA OFELIA. SI PROFUSE IMMEDIATAMENTE NELLE PIÙ SENTITE SCUSE E PROPOSE ALLA SIGNORINA DI CENARE IN LORO COMPAGNIA, PROMETTENDOLE DI SDEBITARSI CON UNA CONVERSAZIONE "SANA ED INTELLIGENTE OLTRE CHE DIVERTENTE", SI...VIRGOLA, DISSE PROPRIO COSÌ...PUNTO.

COLTA DA COTANTA GALANTERIA, LA SIGNORINA OFELIA NON POTÈ DECLINARE L'INVITO; FU COSÌ CHE SI RITROVÒ PER LA SECONDA VOLTA A STRETTO GOMITO CON IL NOSTRO BAGIGIO. BAGIGIO, DAL CANTO SUO, AVEVA EREDITATO TUTTA LA GALANTERIA DEL BABBO E LA

DOLCEZZA DELLA MAMMA. SICCHÉ, DOPO AVER ASSISTITO ALLO SCONTRO OFELIA-BABBO, DECISE DI DIMOSTRARE QUANTO ERA GALANTE ANCHE LUI.

GUARDÒ NEGLI OCCHI LA SIGNORINA OFELIA E CON INTENSITÀ E TRASPORTO LE DISSE: "....GGHU!!.."

ED ECCO CHE TUTTI POTERONO VEDERE COMPARIRE DI NUOVO L'ANGIOLETTO SVOLAZZANTE INTORNO ALLA SIGNORINA OFELIA E BAGIGIO PENSÒ "MA CASPITA!! È MICA SUONATA LA CAMPANELLA?? NON HO SENTITO NULLA!!".

LA SIGNORINA IMMEDIATAMENTE ACCUSÒ IL COLPO E TOSSÌ IMBARAZZATA CERCANDO DI NASCONDERE IL PUERILE ROSSORE CHE LE IMPORPORAVA LE GUANCE. A

QUEL PUNTO GLI OCCHI LE SI RIEMPIRONO DI LACRIME E SENTÌ UN'ONDATA DI CALORE INVADERLE IL CORPO. QUEL CALORE NON ERA UNA CALDANA DA MENOPAUSA, BENSÌ UN ONDA ANOMALA DI SENTIMENTI CHE LA INONDARONO DALLA TESTA ALLE FALANGI DEI PIEDI, FACENDOLE PROVARE UNO SCONQUASSAMENTO EMOTIVO; COSA CHE DA TEMPO NON SENTIVA PIÙ. SUPERATO L'ATTIMO, CAPÌ D'ESSERE INNAMORATA, RAPITA PERDUTAMENTE DA UN GRANDE SENTIMENTO DENOMINATO AMORE. EMOZIONATA, LO GUARDÒ ASSORTA, MENTRE LUI, CONSAPEVOLE DELLA PROPRIA IRRESISTIBILE BELLEZZA, LE SORRISE E, SOAVEMENTE, DISSE "NGHÈ".

NEL PROSIEGUO DELLA CENA LA SIGNORINA OFELIA, AMMALIATA DA BAGIGIO, COLSE L'OCCASIONE PER PARLARE CON I GENITORI. LA CONOSCENZA FU TALMENTE PIACEVOLE CHE NE NACQUE SUBITO UNA BELLA AMICIZIA.

TRA UNA RISATA E L'ALTRA, CON UN BUON BICCHIERE DI VINO ROSSO ED UNA BELLA CHIACCHIERATA IL TEMPO PASSÒ, E PER BAGIGIO ERA VENUTA L'ORA DI ANDARE A DORMIRE. MAMMA E PAPÀ PORTARONO IL PICCOLO A RIPOSARE APPROFITTANDONE ANCHE LORO PER CERCARE DI DORMIRE IL PIÙ POSSIBILE.

LA SIGNORINA OFELIA INVECE, SOLA NELLA SUA CAMERETTA, EBBE MODO DI PENSARE E SI RESE CONTO CHE LA VITA POTEVA ANCORA SORRIDERLE, SE SOLO SI FOSSE AFFIDATA ALLA FRECCIA DORATA. CAPÌ CHE L'AMORE, CHE BAGIGIO AVEVA RISVEGLIATO IN LEI, AVEVA

NUOVAMENTE RIEMPITO IL SUO CUORE, E CE N'ERA TANTO MA TANTO

CHE AVREBBE POTUTO DARNE A CHIUNQUE NE AVEVA BISOGNO SENZA ESAURIRE MAI QUELLO CHE CUSTODIVA IN SÉ.

LA SIGNORINA OFELIA SI RIPROMISE DI SMETTERE DI PORTARE SEMPRE L'OMBRELLO, SI ACCORSE CHE IL CALORE DEL SOLE SCIOGLIE OGNI DOLORE E NOTÒ CON MERAVIGLIA CHE ERA PRIMAVERA ED INTORNO C'ERANO UN SACCO DI PRATI FIORITI, L'ARIA ERA TIEPIDA E GLI ALBERI ERANO CARICHI DI VITA E DI COLORI (ANCHE SE IN EFFETTI C'ERA UN BUIO DELLA MISERIA - DATA L'ORA - E SA SOLO LEI COME FACESSE A VEDERE TUTTE QUESTE COSE. MAH!! POTENZA DELL'AMORE).

SI FERMÒ A PENSARE, E NON POTÈ NON AMMETTERE D'ESSERE TORNATA A VIVERE MIRACOLOSAMENTE, DAL MOMENTO IN CUI BAGIGIO L'AVEVA FULMINATA CON LO SGUARDO.

BAGIGIO AVEVA COMPIUTO UN NUOVO MIRACOLO, TRASFORMANDO UNA TRISTE ZITELLA IN UNA DONNA GENEROSA E VITALE.

LA MATTINA DOPO IL RISVEGLIO FU MENO DI SOPRASSALTO PER IL PAPÀ, MA SEMPRE DIVERTENTE PER BAGIGIO. SICCOME I PIEDI DI PAPÀ SI OSTINAVANO AD USCIRE DALLA PEDIERA (PROBABILMENTE PERCHÉ IL LETTO ERA CORTO!), LA NOTTE PRECEDENTE, DOPO UNA SEDUTA DI RIFLESSIONE IN BAGNO, ACCOMODATO SUL TRONO BIANCO MUNITO DI ROMANZO E CARTA

ASSORBENTE PER ASCIUGARSI .....LA FRONTE, EBBE UN'ILLUMINAZIONE! QUELLA NOTTE AVREBBE INDOSSATO DEGLI SPESSI CALZETTONI DI COTONE PER EVITARE L'EPISODIO DEL SOLLETICO.

BAGIGIO QUELLA MATTINA SI ANCORÒ COSÌ BENE AI CALZETTONI DI PAPÀ CHE, QUATTO QUATTO, LO RAGGIUNSE TRA LE LENZUOLA SENZA CHE LUI SI ACCORGESSE DI NIENTE, FINO A QUANDO...... ALLE **06,25** DEL MATTINO, UN ALTRO URLO SOMMATO AD UNA FRAGOROSA RISATA RUPPE IL SILENZIO DELL'INTERA STRUTTURA. "BAGIGIO FERMO CHE MI FAI SOLLETICO!! MA COME HAI FATTO A SALIRE SUL LETTO!!!" DISSE IL PAPÀ.

"POVERO, MA LASCIALO FARE. CERTO CHE SE ANCHE TU TI METTI A DORMIRE CON LE BRACCIA TIPO STILE LIBERO... TE LE CERCHI!!......BAGIGIO VIENI DALLA MAMMA, CHE ADESSO TI PREPARA PER LA COLAZIONE, COSÌ LASCIAMO IL PAPÀ CHE SI RIPRENDE". IL PAPÀ APPROFITTÒ DELLA BATTUTA DELLA MAMMA (PERCHÉ ERA UNA BATTUTA, VERO??) PER MATURARE UN'IDEA: "TORNATI DAL CORSO RIPRENDIAMO LA PISCINA! PROBABILMENTE LA POSIZIONE IN CUI MI SONO MESSO È UN CHIARO SEGNALE CHE DOBBIAMO RIPRENDERE A NUOTARE".

QUELLA MATTINA, DOPO UNA GENEROSA COLAZIONE E DOPO AVER ESTASIATO GLI OCCHI DI TANTE CORSISTE, BAGIGIO E IL PAPÀ TRASCORSERO LA MATTINA FACENDO LA SPOLA TRA IL CORTILETTO E IL GIARDINO, IL GIARDINETTO E IL CORTILETTO. AD UN CERTO PUNTO BAGIGIO AVEVA DESIDERIO DI VEDERE LA MAMMA E COSÌ

BEN PENSÒ DI FARLA COMPARIRE SUONANDO LA FAMIGERATA CAMPANELLA CHE TUTTA SOLA LI GUARDAVA. BAGIGIO FECE DI TUTTO PER FARSI PORTARE LÌ DAL PAPÀ FINO A QUANDO RIUSCÌ NEL SUO INTENTO. INVANO IL PAPÀ DISSE A BAGIGIO DI NON TOCCARE LA CORDINA. INVANO, PERCHÉ ANCOR PRIMA DI FAR USCIRE LE PAROLE DALLA BOCCA, BAGIGIO L'AVEVA GIÀ TIRATA. DOPO QUALCHE ATTIMO ARRIVARONO LE STRANE FIGURE CON IL CASCO IN TESTA MUNITE DI LIBRO E UN CIONDOLO, CON VISI PERPLESSI DI CHI NON COMPRENDE COSA STIA SUCCEDENDO. IL PAPÀ SI PROFUSE IN MILLE SCUSE. ERA BORDEAUX DALLA VERGOGNA E NON SAPEVA COME GIUSTIFICARSI MA BAGIGIO, RIDENDO E DIMENANDOSI DALLA GIOIA, FECE LETTERALMENTE SCIOGLIERE QUELLE STRANE PERSONE CON IL CASCO.

IMMEDIATAMENTE LO SCUSARONO COMPRENDENDO LA CURIOSITÀ DI UN BAMBINO E COSÌ, UNA CAREZZA DOPO L'ALTRA, UN COMPLIMENTO E UN SORRISO DOPO L'ALTRO, LE STRANE FIGURE RITORNARONO DA DOVE ERANO VENUTE.

DOPO UN PO' SICCOME IL BREAK DELLA MAMMA INIZIAVA A TARDARE IL PAPÀ, DA GRAN GIOCHERELLONE QUAL'ERA, PENSÒ DI TIRARE ANCHE LUI LA CORDINA E SUBITO DOPO VIA.........NON GLI SEMBRAVA VERO!! ERA COME AI VECCHI TEMPI, QUANDO AVEVA 15 ANZI NO...10 ANZI NO ....5 ANNI DI MENO....MA QUESTO NON LO DITE ALLA MAMMA (NDP.NOTA DEL PAPÀ). "MIII, DEVO

SMETTERLA DI FARE IL RAGAZZINO, NON SONO PIÙ TANTO GIOVANE!!!" PENSÒ.

IL TEMPO DI SCAPPARE, CHE NEL CORTILETTO C'ERA UN GRAN CAOS. INSIEME AI CORSISTI ERANO ACCORSE ANCHE LE STRANE FIGURE, CHE BORBOTTANDO STRANE PAROLE, TORNARONO ALLE LORO MANSIONI.

QUANDO BAGIGIO VIDE LA MAMMA GLI SALÌ IN GROPPA ANCHE PER BENEFICIARE DELLA MERENDA DELLA MATTINA, MENTRE IL PAPÀ, ASCIUGANDO LA FRONTE MADIDA DI SUDORE, BOFONCHIAVA "CERTO CHE CORR...GIOCARE FA SUDARE!!"

A FINE MATTINATA ERA GIUNTA L'ORA DI PRANZO, IL CHE SIGNIFICAVA STARE CON LA MAMMA E MANGIARE OGNI LECCORNIA POSSIBILE (SI DICEVA IL PAPÀ!). NELL'ATTESA DEI CARRELLI PORTATI DALLE INSERVIENTI, BAGIGIO COGLIEVA QUA E LÀ SGUARDI AMMICCANTI E DI ADORAZIONE. LE CORSISTE MENTRE LO GUARDAVANO SI COMPLIMENTAVANO CON LA MAMMA E CON IL PAPÀ. ERA UNA SEQUENZA DI "MA CHE BEL BAMBINO" "MA CHE DOLCE" "MA CHE CARINO" "MA NON PIANGE MAI" "MA CHE TESORO, NON LO SENTIAMO MAI" "È DAVVERO TRANQUILLO E RIDE SEMPRE"ECC. ECC. ALLE 12.30 IN PUNTO ARRIVARONO LE INSERVIENTI CON I CARRELLI. MENTRE SI FACEVA LA FILA PER PRENDERE IL PROPRIO PIATTO BAGIGIO LE SENTÌ CHE SE LA CONTAVANO: "INSOMMA IN CORTILE C'È STATO UN GRAN TRAFFICO STAMANE.....LE SUORE HAN CORSO AVANTI E INDIETRO, DA SOPRA A SOTTO COME NON MAI......CHI SARÀ MAI

STATO ..... UN VERO SPASSO VEDERLE, MA NON DICIAMOLO A VOCE ALTA PERCHÉ SON PERMALOSE!!!" LA MAMMA, CHE STAVA ASCOLTANDO, SI MISE A RIDERE GUARDANDO SIA BAGIGIO, CHE CON I SUOI OCCHINI LA RICAMBIAVA, CHE IL PAPÀ, INTENTO A INGURGITARE POLPETTINE E PATATINE ARROSTO.

DISSE: "E COSÌ CORR....GIOCARE FA SUDARE EH!!!! MI SA TANTO CHE C'È IL VOSTRO ZAMPINO NELLA BARAONDA DI STAMATTINA!! BRAVI COSÌ AVETE SMOSSO LE FONDAMENTA DI QUESTO MAUSOL.....OHH STRUTTURA!! ATTENTI PERÒ A NON FARVI BECCARE... TI RACCOMANDO IL PAPÀ, BAGIGIO, TIENILO D'OCCHIO!!".

BAGIGIO PENSA AL FUTURO

UNA DELLE PRINCIPALI CARATTERISTICHE DI BAGIGIO, SI SA, È L'INTELLIGENZA. FIN DA QUANDO AVEVA POCHI MESI, NON C'ERA GIORNO, ORA, ISTANTE, IN CUI QUESTA DOTE E LE SUE INFINITE DIMOSTRAZIONI, NON RIEMPISSERO DI GIOIA MAMMA E PAPÀ.

BAGIGIO ERA CURIOSO DI SCOPRIRE, DI IMPARARE, DI CRESCERE, E SOPRATTUTTO QUEST'ULTIMA COSA, DA QUALCHE TEMPO, CONTINUAVA A STUZZICARLO.

LA MAMMA GLI DICE SPESSO: "SE MANGI TUTTA LA PAPPA, DIVENTERAI GRANDE!". NEL DIRE QUESTE PAROLE SPESSO IL PAPÀ LA MIMAVA AGGIUNGENDO FRASI DEL TIPO: "E POI APPENA SARAI CRESCIUTO, TI INSEGNERÒ A SUONARE IL PIANOFORTE MOLTO MEGLIO DI COME STIAMO FACENDO".

QUESTE CONTINUE SOLLECITAZIONI, DIVENTARONO PER BAGIGIO UNA PRIORITÀ. FU COSÌ CHE UN BEL MATTINO DOPO ESSERSI SVEGLIATO PENSÒ: "VA BENE MANGIARE E CRESCERE. VA BENE, MA QUANDO SARÒ GRANDE, COSA FARÒ??"

BELLA DOMANDA, VISTA LA TANTA DISOCCUPAZIONE. LO AVEVAMO DETTO O NO, CHE BAGIGIO ERA UN LUMINARE INTEGERRIMO!!!

DA QUANDO BAGIGIO INIZIÒ A PORSI GLI INTERROGATIVI SULLA FUTURA PROFESSIONE DECISE DI APPROFONDIRE LA QUESTIONE DIRETTAMENTE SUL CAMPO, SPERIMENTANDO IN PRIMA PERSONA L'IPOTETICO MESTIERE. LA COMPETIZIONE INFATTI ERA SPIETATA E LUI VOLEVA ESSERE PRONTO, QUALORA SI FOSSE PRESENTATA L'OCCASIONE!

UN VENERDÌ MATTINA, SUBITO DOPO LA PRELIBATA COLAZIONE, APPROFITTÒ DI UNA TELEFONATA DELLA SIGNORINA OFELIA ALLA MAMMA, PER DEDICARSI AL SUO INTENTO. QUALE INTENTO? COME QUALE INTENTO, CHIARIRSI LE IDEE SU COSA AVREBBE VOLUTO FARE DA GRANDE! CON CIPIGLIO INDAGATORE E CON LE MANI CONSERTE DIETRO LA SCHIENA, CAMMINANDO PER CORSO CORRIDOIO INIZIÒ LA GRANDE AVVENTURA. PENSÒ "DUNQUE DUNQUE, POTREI FARE IL CASALINGO!".

DETTO FATTO, IN NEANCHE UN NANO SECONDO BAGIGIO AVEVA INFILATO LA TESTA NEL FRIGORIFERO LASCIANDO FUORI SOLO LE GAMBE.

LUI SAPEVA CHE QUI POTEVA TROVARE TUTTO L'OCCORRENTE PER PULIRE LA CASA E COSÌ SI MISE SUBITO AL LAVORO. UNA RAPIDA OCCHIATA E TROVÒ: UNO SPRUZZINO E UN BARATTOLO CONTENENTE DELLA POLVERE BEIGE. POCO PIÙ IN LÀ SULLA SEDIA RECUPERÒ UNA PEZZETTA. "DA DOVE POSSO INCOMINCIARE? BEH LA MAMMA INIZIA SEMPRE DAL BAGNO. POSSO PROVARE ANCH'IO A PARTIRE DA LÌ". FU UNO SCHERZO APRIRE IL BARATTOLO E ROVESCIARNE IL CONTENUTO NEL BIDÈ PER POI APRIRE L'ACQUA E STROFINARE BEN BENE. DOPODICHÉ CON LO SPRUZZINO E LA PEZZETTA PIAN PIANO PASSÒ TUTTE LE MATTONELLE DEL BAGNO. DOPO UN PO', STREMATO DALLA FATICA, PENSÒ CHE ERA PROPRIO FATICOSO IL LAVORO DEL CASALINGO E POI ANCHE FRUSTRANTE. E SÌ PERCHÉ I PRODOTTI CHE AVEVA COMPRATO LA MAMMA IL GIORNO PRIMA ERANO DIFETTATI. DOPO AVER STROFINATO PER BENINO NEL BIDÈ LA POLVERINA NON RIUSCIVA A PRODURRE SCHIUMA, COME INVECE AVEVA VISTO FARE ALLA MAMMA. TUTTO QUESTO LO PRESE COME UN CONSIGLIO A NON PROSEGUIRE OLTRE PER DEDICARSI AD ALTRO. NON TUTTI SONO PORTATI PER LA CASA IN FIN DEI CONTI!!

"VEDIAMO UN PO'. A SÌ, POTREI DIVENTARE UN GRANDE VETERINARIO, DI QUELLI CHE SI VEDONO NELLE RIVISTE DI MAMMA". DOPO LE AVVENTURE CON IL CUGINO RINGHIO E DOPO LE IMPRESE CON WILLY SATTE ONTE, IL GATTO DELLA NONNA, BAGIGIO AVEVA PENSATO CHE IL

VETERINARIO FOSSE LA PROFESSIONE GIUSTA. LUI AMAVA IL CONTATTO CON GLI ANIMALI!!

DIVERTITO SI DIRESSE VERSO IL SALOTTO, DOVE IL SUO ORSETTO PREFERITO STAVA ACCOCCOLATO SUL DIVANO.

NEL GUARDARLO FISSO NEGLI OCCHI COME SOLO LUI SA FARE INIZIÒ LA VISITA: SOLLEVATO E PRESO PER LE ORECCHIE GLI DIEDE UN CAGNO POTENTE SUL NASO E, STROFINANDO IL SUO DI NASO CONTRO LA FRONTE DELL'ORSETTO, SUONAVA UN GULI GULI GULI GU.

NOTÒ UNO STRANO PALLORE. CON LA SICUREZZA DI UN PROFESSIONISTA AFFERMATO, PRESE IL PAZIENTE IGNARO PER LA CODA E SI MISE A VISITARLO ACCURATAMENTE, TROVANDO UNO STRANO RIGONFIAMENTO ALL'ADDOME.

NON SI POTEVA PERDERE TEMPO, BISOGNAVA OPERARE IMMEDIATAMENTE. "ECCO PERCHÉ L'ORSETTO ULTIMAMENTE NON SI LAMENTAVA MAI ED ERA SEMPRE COSÌ ASSOPITO SUL DIVANO! STAVA MALE!!!! MENO MALE CHE CI SONO QUI IO. FORZA OPERARE!" BAGIGIO PROCEDETTE SICURO DI SÉ: DOPO AVER INDOSSATO IL CAMICE E I GUANTI DISSE AL FERRISTA DI TURNO DI PREPARARSI. PER L'OCCASIONE FU AFFIANCATO DA UN AMICA DI VECCHIA DATA CHE, COME LUI, AVEVA VISSUTO TANTE AVVENTURE OFF LIMITS. SI TRATTAVA DI CITA, UNA TIPA BRAVA MA CON UN DIFETTO ESTETICO, ERA PELOSISSIMA, TANTO DA SEMBRARE UNA PARENTE DELLE SCIMMIE.

UNA VOLTA PRONTI E INDOSSATE LE MASCHERINE DI PROTEZIONE INIZIARONO. BAGIGIO CON LE MANINE LAVORÒ PAZIENTEMENTE, FINO A CHE RIUSCÌ AD ARRIVARE ALLA MASSA SOSPETTA, CHE TOLSE PIANO PIANO, RISERVANDOSI DI ESAMINARLA IN LABORATORIO IN UN SECONDO MOMENTO. MENTRE LAVORAVA, LA FERRISTA, SERISSIMA, GLI PASSAVA OGNI GENERE DI STRUMENTO ASCIUGANDO DI TANTO IN TANTO LA FRONTE DI BAGIGIO (A DIRE IL VERO ERA LUI CHE SI STROFINAVA, MA SORVOLIAMO). UNA VOLTA FINITO RICHIUSE IL PANCINO CON DELLE GARZE STERILI E SI FERMÒ A RIPOSARE MENTRE LA FERRISTA PENSAVA A RICUCIRE LA PANCIA CON FILO BIODEGRADABILE.

"GRAZIE CITA, ABBIAMO FATTO UN LAVORO EGREGIO. SEMBRAVAMO UN TUTT'UNO. UNA SINTONIA COSÌ

PERFETTA NON L'HO MAI SPERIMENTATA CON NESSUN ALTRA COLLEGA. GRAZIE!!" DISSE BAGIGIO.

SORNIONA CITA LO OSSERVAVA CON UNO SGUARDO IMPERSCRUTABILE.

CHE PROFESSIONISTA, NEANCHE I COMPLIMENTI LA SCIOLGONO!

A QUEL PUNTO TORNÒ IN CORRIDOIO, E TROVANDO LA MAMMA ANCORA INTENTA A CHIACCHIERARE CON LA SIGNORINA OFELIA, (MA COS'AVRANNO MAI DA DIRSI SEMPRE LE DONNE?), SORRISE TRA SÉ E SÉ E SPERIMENTÒ IL MESTIERE DEL TECNICO DI LABORATORIO, VISTO CHE C'ERA!!

GIUNTO IN LABORATORIO PRESE IL MATERIALE TOLTO DALLA PANCIA DELL'ORSETTO E CAPÌ SUBITO CHE OCCORREVA UN REAGENTE. ALLORA SI DIRESSE DI NUOVO DECISO VERSO IL FRIGORIFERO E RIAPRENDO LA PORTA PENSÒ: "SPERIAMO NON LA FACCIANO AGGIUSTARE, ALTRIMENTI CHI RIUSCIRÀ AD APRIRLA DI NUOVO?"; PRESE UNA BOTTIGLIA CONTENENTE UN LIQUIDO SCURO, CHE VERSÒ SUL REFERTO, PRODUCENDO UNA SCHIUMA CHE SPARÌ RAPIDA COM'ERA APPARSA. "AH, È PROPRIO COME PENSAVO - SORRISE BAGIGIO, SOLLEVATO - NON È NULLA DI GRAVE, MA SE NON FOSSI INTERVENUTO SUBITO, AVREBBERO POTUTO ESSERCI CONSEGUENZE GRAVI E DA NON SOTTOVALUTARE!"

RASSICURATO DAI SUCCESSI OTTENUTI, BAGIGIO DECISE DI PROSEGUIRE NELLA SPERIMENTAZIONE. COSÌ DECISE DI CIMENTARSI NEL LAVORO DEL GIARDINIERE, RECANDOSI

VERSO IL TAVOLINO SUL QUALE LA MAMMA TENEVA LE PIANTINE CHE CURAVA CON TANTO AMORE. A BAGIGIO NON ERA SFUGGITO CHE ULTIMAMENTE LE FOGLIE SI ERANO INGIALLITE, E I FIORI, UNO DOPO L'ALTRO, ERANO CADUTI. MA AD UN PROFESSIONISTA CHE SI RISPETTI, BASTA UNO SGUARDO PER TROVARE LA SOLUZIONE, E COSÌ FU. SI AVVICINÒ ALLA TAZZA DEL CAFFELATTE CHE LA MAMMA AVEVA BEVUTO PRIMA DI RISPONDERE AL TELEFONO, PRESE IL CUCCHIAIO, LO AFFONDÒ NEI VASETTI PER OSSIGENARE IL TERRENO E, GIÀ CHE C'ERA, DECISE DI SCOPRIRE LE RADICI, IN MODO CHE POTESSERO BENEFICIARE DEL SOLE CHE SCALDAVA LA PORTAFINESTRA DEL SALOTTO.

SODDISFATTO DEL SUO OPERATO, DECISE DI NON FERMARSI: TROPPE VOLTE INFATTI AVEVA SENTITO LA SIGNORINA OFELIA LAMENTARSI DELLE SUE INSODDISFAZIONI LAVORATIVE, E NE AVEVA FATTO TESORO.

AD UN CERTO MOMENTO, ILLUMINATO DA UN PENSIERO, DECISE DI UNIRE LA CREATIVITÀ AL PIACERE. "INSOMMA IL LAVORO DEVE ANCHE ESSERE UN PIACERE OLTRE CHE UN DOVERE!", COME DICE SPESSO PAPÀ, PENSÒ. GIÀ SI PREGUSTAVA LA GIOIA DI PAPÀ IL GIORNO CHE GLI AVREBBE ANNUNCIATO UFFICIALMENTE: "PAPÀ HO DECISO, QUANDO CRESCO VOGLIO FARE IL CUOCO!".

TORNÒ IN CUCINA E DECISE DI REALIZZARE UN PIATTO RUSTICO TOSCANO, LA "PAGNOTTA CHE SBOTTA". PER PRIMA COSA, PRESE UNA PAGNOTTINA DI PANE DAL BORDO DEL TAVOLO CHE DEPOSITÒ SU UNA SEDI.... OPS....

SUL TAVOLIERE. POI CERCÒ DI DIVENTARE PIÙ LUNGO, EH.... PIÙ ALTO POSSIBILE PER RAGGIUNGERE IL CONTENUTO DI UNA COCOTTINA POSTA NEL FRIGORIFERO. LA COCOTTINA CONTENEVA DELLE UOVA. CON DETERMINAZIONE CERTOSINA RIUSCÌ A RAGGIUNGERNE UNO, O MEGLIO, UNO GLI RESTÒ IN MANO E PER MAGIA SI APRÌ, DIVIDENDO

SUBITO IL ROSSO, CHE CADDE SULLA PAGNOTTINA, MENTRE L'ALBUME SCIVOLÒ CLAMOROSAMENTE SULLA SUA MAGLIETTA PULITA. PER NON PERDERE TEMPO SI PULÌ LE MANINE SUI JEANS, APPENA MESSI, E APRÌ QUELLO CHE CONSIDERAVA L'ARMADIETTO DELLE MERAVIGLIE, TROVANDO UN PACCHETTINO MISTERIOSO DALL'AROMA INTENSO CHE VEDEVA SEMPRE MANEGGIARE DAL PAPÀ. LO APRÌ TROVANDO UNA POLVERE SCURA E FINE FINE. FELICE DELLA SCOPERTA, IMPASTÒ L'INGREDIENTE CON LA MOLLICA DI PANE TOLTA DALLA PAGNOTTINA, AMALGAMANDO IL TUTTO CON IL ROSSO DELL'UOVO. PER RENDERE IL PIATTO PRELIBATO PERÒ MANCAVA QUALCOSA, COSÌ RIPRESE A LAVORARE L'IMPASTO UNENDO UN'ALTRA POLVERE, QUESTA VOLTA BIANCA E DOLCE CHE TROVÒ A FIANCO DI QUELLA SCURA. BENE, UN'ALTRA MESCOLATA E VIA, È PRONTO, MANCA SOLO UN CONTENITORE PER LA PRESENTAZIONE. ANCHE L'OCCHIO VUOLE LA SUA PARTE, NO!! "IDEA!" PENSÒ. IN BAGNO C'ERA UNA SPLENDIDA SCATOLINA VUOTA, ADATTISSIMA A DARE UN TOCCO SPECIALE AD UN PIATTO COSÌ STRAORDINARIO.

SODDISFATTO DI SÈ, SI SEDETTE UN ATTIMO A PENSARE E A RIPOSARE, VISTE LE TANTE IMPRESE, QUANDO SENTÌ LA VOCE DELLA MAMMA CHE LO CHIAMAVA "BAGIGIO, DOVE SEI, AMORE, VIENI AL TELEFONO A SALUTARE LA SIGNORINA OF.......!!!!????"

LA MAMMA SI BLOCCÒ, NON RIUSCENDO A FINIRE LA FRASE. BALBETTÒ UN "ODDIO......... COME MAI SEI TUTTO COLORATO E PROFUMATO?"

CON IL CORDLESS IN MANO SEGUÌ BAGIGIO CHE, TRONFIO, MOSTRÒ IL SUO OPERATO SCIENTIFICO. LA MAMMA NEL FRATTEMPO AGGIORNAVA LA SIGNORINA OFELIA SULLE SCOPERTE: "SAPESSI! HA ROVESCIATO IL BARATTOLO DEL PANGRATTATO NEL BIDÈ E POI HA APERTO IL RUBINETTO, FORTUNATAMENTE A METÀ, MENTRE SULLE PIASTRELLE C'È UN QUALCOSA DI BIANCO CHE NON CAPISCO COS'È. ASPETTA CHE L'ANNUSO. O MAMA, MA È LA PANNA SPRAY!!!".

"ASPETTA ASPETTA, PERCHÉ ADESSO MI STA ACCOMPAGNANDO IN SALOTTO. O MAMA, TI RICORDI IL PELUCHE DI QUANDO ERO PICCOLA? E' SVENTRATO, SVUOTATO DELL'IMBOTTITURA E RIEMPITO CON FAZZOLETTI DI CARTA. ...MENTRE L'IMBOTTITURA È A FIANCO BAGNATA ANZÌ INZUPPATA DI...COCACOLA!"

"BEH, AVRÀ VOLUTO GIOCARE, IMITANDOTI QUANDO FAI LE PULIZIE!", DISSE LA SIGNORINA OFELIA.

"C'È DELL'ALTRO", DISSE LA MAMMA. "HAI PRESENTE LE PIANTINE CHE TENGO, O MEGLIO, TENEVO SUL TAVOLINO DEL SALOTTO? ORA SONO ROVESCIATE UN PO'

SUL DIVANO E UN PO' SUL TAPPETO IN CUCINA, SENZA TERRA E CON UN CUCCHIAIO INFILATO IN UN VASO!"

"AVRÀ VOLUTO AIUTARTI AD INNAFFIARLE", DISSE LA SIGNORINA OFELIA.

"SÌ, SÌ, CERTAMENTE, MA IN CUCINA C'È IL MEGLIO..... CI SONO IMPRONTE DELLE MANINE OVUNQUE, L'ARMADIETTO APERTO, IL FRIGO SOCCHIUSO, DUE O TRE UOVA ROTTE A TERRA, IL SACCHETTO DEL CAFFÈ SPARSO SUL PAVIMENTO, QUELLO DELLO ZUCCHERO È SEMINATO PER TUTTA LA CASA, PERCHÉ SI È APPICCICATO ALLE SCARPINE DI BAGIGIO, E SULLA SEDIA UNA PAGNOTTINA SENZA MOLLICA, MA CON AGGIUNTA DI UN ROSSO D'UOVO, ANZI, LA MOLLICA È IMPREGNATA DI POLVERE DI CAFFÈ E ZUCCHERO, E QUESTA MERAVIGLIA È IN PARTE NEL PORTASAPONE CHE SOLITAMENTE LASCIO SUL BIDÈ!!!!! "

LA MAMMA PRESE FIATO NON SAPENDO SE RIDERE, PIANGERE O FARE UN PO' DI ESERCIZI DI RESPIRAZIONE E CERCÒ DI MEDITARE SUL DA FARSI. DA DOVE COMINCIARE?

LA SIGNORINA OFELIA GIUNSE IN SUO AIUTO: "BEH, CAPISCO LO SCONFORTO, MA IN DUE FAREMO IN UN ATTIMO E POI NON CREDERE CHE LA MIA RICHIESTA NON PREVEDA UN COMPENSO: HO BISOGNO DI UN PARERE SUL RAGÙ DI PESCE CHE HO APPENA INVENTATO. E' LEGGERISSIMO, E POTRÀ MANGIARLO ANCHE BAGIGIO". LA MAMMA GRADÌ L'AIUTO, ANCHE PERCHÉ SE LO AVESSE CHIESTO AL PAPÀ, LUI SAREBBE PARTITO SICURAMENTE DAL

BAGNO, IMITANDO L'UOMO RAGNO, PER SBAFARSI LA PANNA SPRAY SULLE MATTONELLE.

NEL FRATTEMPO BAGIGIO TRA SÉ E SÉ DISSE: "STA DI FATTO CHE NON SO ANCORA COSA FARÒ DA GRANDE. QUALCHE IDEA ME LA SONO FATTA, MA MI HANNO INTERROTTO SUL PIÙ BELLO. VA BEH, SI VEDE CHE DEVO REPLICARE ANCHE DOMANI!!"

E COSÌ MENTRE LA MAMMA E LA SIGNORINA OFELIA RIPULIVANO LA CASA, BAGIGIO, SODDISFATTO PER LA BUONA RIUSCITA DEI MESTIERI, PENSAVA A COSA AVREBBE FATTO NEI GIORNI A VENIRE!!!

UNA FASTIDIOSA SORPRESA

PER IL PICCOLO E TEMERARIO BAGIGIO OGNI GIORNO ERA UNA NUOVA AVVENTURA. MEGLIO CHE INDIANA JONES. UN NUOVO OGGETTO DA TOCCARE ERA UN'IMPRESA INTERGALATTICA, UNA NUOVA STRADA DA PERCORRERE LO FACEVA SENTIRE COME NEIL ARMSTRONG QUANDO FECE IL PRIMO PASSO SULLA LUNA, UN NUOVO VOLTO CON CUI FAMILIARIZZARE UNA MISSION IMPOSSIBILE 1, 2, 3 (ALTRO CHE TOM CRUISE).

IN QUESTE INCREDIBILE AVVENTURE, MAMMA E PAPÀ, RENDEVANO TUTTO PIÙ INTERESSANTE. PER BAGIGIO ERA DAVVERO INDESCRIVIBILE VEDERE NEI LORO OCCHI LO STESSO SUO ENTUSIASMO.

"PENSATE", SI DICEVA, "SONO GRANDI, MA A VOLTE PARLANO IN UN MODO CHE NON LI CAPISCO NEMMENO IO. MA SÌ. VA BENE COSÌ".

DOPO LE SCORRIBANDE PER I VIOTTOLI DI CÀ MIA, PER BAGIGIO ERA VENUTO IL TEMPO DELLA GRANDE TRASFERTA. LUI E TUTTO IL SUO STAFF STAVANO PER PARTIRE ALLA VOLTA DI CÀ DEGLI ZEI. PER LUI ERA ARRIVATO IL MOMENTO DI INCONTRARE GLI ZII E IL LORO FIGLIO. IL CUGINO ERA PIÙ GRANDE; AVEVA BEN CINQUE MESI DI PIÙ ED ERA SIMPATICAMENTE SOPRANNOMINATO RINGHIO. IL VIAGGIO DI ANDATA PER BAGIGIO FU DAVVERO ELETTRIZZANTE.

SEDUTO SUL SUO SEGGIOLONE POSTERIORE ASSOLUTAMENTE CONFORTEVOLE E SPORTIVISSIMO!!

SENTITE QUA: AIR BAG LATERALI INCORPORATI, CINTURE DI SICUREZZA IMBOTTITE E COLORATISSIME, SCHIENALE CON REGOLAZIONE LOMBARE E SEDILE RISCALDATO, PORTA CIUCCIO DEL LATTE CON REGOLAZIONE ELETTRONICA DELL'INCLINAZIONE

PER UN MIGLIORE ABBEVERAGGIO, BUSSOLA INTEGRATA NEL FRONTALE E CAMPANELLO PER RICHIAMARE L'ATTENZIONE DI MAMMA E PAPÀ, SE E QUALORA FOSSERO RIUSCITI MAI A DISTRARSI!!

MA FU ANCHE MOLTO IMPEGNATIVO. SAPETE FARE DA PASSEGGERO-NAVIGATORE NON È POCA COSA. TRASCORSE BEN DUE ORE CON GLI OCCHI CHIUSI ED IMMOBILE. I MALIGNI SOSTENGONO CHE BAGIGIO DORMISSE; IN REALTÀ ERA CONCENTRATISSIMO E CON IL SOLO PENSIERO STAVA GUIDANDO IL POTENTE MEZZO MECCANICO!!

QUANDO LA MACCHINA SI FERMÒ, BAGIGIO SI DESTÒ DAL SUO TORPORE E GUADANDOSI INTORNO GLI SEMBRAVA DI ESSERE SEMPRE STATO LÌ. COME A CASA, VIDE DEI GRANDI MARCIAPIEDI CON DEIEZIONI CANINE (FECI!), MACCHINE CHE PASSAVANO, BICICLETTE E MOTORETTE CHE SCORRAZZAVANO E QUALCHE ALBERO QUA E LÀ. SCESO DAL SUO SEGGIOLONE POSTERIORE INIZIÒ A PERLUSTRARE TUTTO CIÒ CHE GLI STAVA INTORNO, GIUSTO PER FAMILIARIZZARE CON L'AMBIENTE, ESORTANDO I GENITORI A FARE ALTRETTANTO SENZA PERDERSI IN TROPPE CHIACCHIERE.

DOPO UN PO' MAMMA E PAPÀ, PRESO IN BRACCIO BAGIGIO, SI RECARONO DI FRONTE AD UNA PORTA. DIETRO DI QUESTA LO ATTENDEVA UNA BELLA SORPRESA. AD ATTENDERLO C'ERANO GLI ZII E IL MITICO CUGINO: IL FAMOSO E IMPERSCRUTABILE RINGHIO. TRA BAGIGIO E RINGHIO FU SIMPATIA AL PRIMO SGUARDO; DA SUBITO, E SENZA TANTI PREAMBOLI GIOCARONO PER TUTTO IL POMERIGGIO AD APRIRE CASSETTI, SVITARE TAPPI DELLE BOTTIGLIE ED A TOCCARSI LE MANI L'UN L'ALTRO COME PER STUDIARSI. TUTTO CIÒ IN UN CLIMA DI GRANDE INTERESSE. LO STESSO INTERESSE CON CUI GUARDAVANO E GIOCAVANO CON UNA PALLINA, UNO SCOLAPASTA O UN PELUCHE. LA DIFFERENZA CHE INCURIOSIVA ENORMEMENTE, ERA L'AFFINITÀ NELLE RISPOSTE. ERANO LE STESSE.

AD UN CERTO PUNTO RINGHIO E BAGIGIO ERANO COSÌ ASSORTI CHE PER GLI ADULTI ERA COME SE NON CI FOSSERO.

SI ERA CREATA TRA LORO UN'INTESA PERFETTA, SICCHÉ RINGHIO SVUOTANDO IL CASSETTO DELLA MAMMA TESTUALMENTE DISSE: "BIUI, BIUI, BIGI, BIGI, UI UI!".

BAGIGIO LO OSSERVÒ ATTENTO PRENDENDO DALLE SUE MANI OGGETTI DI OGNI TIPO, I QUALI, POVERINI, VENIVANO SOTTOPOSTI AD UNA INDAGINE SCRUPOLOSA E RISPOSE ANNUENDO DECISO: "NGU! NGU!".

PER I DUE PICCOLI AVVENTURIERI FURONO MOMENTI INDIMENTICABILI. STABILIRONO IMMEDIATAMENTE TRA LORO UN'INTESA PERFETTA, COME NEANCHE CON I RISPETTIVI GENITORI ERANO ANCORA RIUSCITI AD AVERE!

QUEL POMERIGGIO PER BAGIGIO FU DAVVERO DIVERTENTE. ROVISTARE NEL CASSETTO DELLA ZIA POI, UN'ESPERIENZA UNICA.

QUANDO LA GIORNATA STAVA VOLGENDO AL TERMINE, ANCHE PER BAGIGIO STAVA ARRIVANDO LA STANCHEZZA; IL NOSTRO EROE TROVÒ NEL SONNO LA GIUSTA OASI PER RITEMPRARSI DALLE FATICHE DELLA GIORNATA. E COSÌ, CON SOMMO DISPIACERE, ANCHE DURANTE IL VIAGGIO GLI TOCCÒ DORMIRE BEATAMENTE

NEL SUO SEGGIOLONE POSTERIORE. MA ALL'ORIZZONTE QUALCOSA SI STAVA PREPARANDO!

EEEEEECCIÙ! EEEEEECCIÙ!!!

L'INDOMANI PER BAGIGIO INIZIÒ ALL'INSEGNA DI STARNUTI E GOCCIOLAMENTO AL NASO.

E SÌ! RINGHIO, CHE ERA REDUCE DA UN FORTE RAFFREDDORE, IL GIORNO PRIMA CON BAGIGIO, OLTRE A CONDIVIDERE MESTOLI, BOTTIGLIE E PALLINE, AVEVA CONDIVISO ANCHE I BACILLI.

POVERO BAGIGIO: ERA UNO STARNUTO DIETRO L'ALTRO. UNO STARNUTO EEECCCIÙ! ED UN SORRISO. UNO STARNUTO EEEEEECCCIÙ! ED UN ALTRO SORRISO.

BEN PRESTO IL RAFFREDDORE PEGGIORÒ E CON LUI IL DOLORE ED I LAMENTI. OGNI TANTO INFATTI SCOPPIAVA A PIANGERE ALL'IMPROVVISO.

IN UN ATTIMO. COME SE QUALCUNO GLI AVESSE PESTATO UN PIEDE. IN QUESTO VORTICE DI LAMENTI MAMMA E PAPÀ NON SAPEVANO PIÙ CHE FARE. LE AVEVANO STUDIATE TUTTE PER FARLO SORRIDERE ALLEVIANDO COSÌ IL DOLORE DEL RAFFREDDORE. PENSATE CHE IL PAPÀ SE LO PRENDEVA IN BRACCIO PER FARLO CORRERE PER TUTTE LE VIE DI CÀ MIA. PER UN ATTIMO IL MALE PASSAVA, PERCHÉ SFRECCIARE PER CÀ MIA ERA VERAMENTE DIVERTENTE. MA IL NASO BEN PRESTO TORNAVA A PIZZICARE E A COLARE, COSÌ SORRIDEVA E STARNUTIVA. SORRIDEVA E STARNUTIVA.

FURONO GIORNI MEMORABILI. ANZI, INENARRABILI.

MA BAGIGIO ERA PIÙ FORTE DEL RAFFREDDORE. PRESTO SI RIPRESE SCONFIGGENDO OGNI FORMA DI BACILLO. SI SENTIVA COME NEL FILM "L'INVASIONE DEGLI ULTRACORPI".

PASSATO IL RAFFREDDORE BAGIGIO SI DISSE: "GULI GULI..... NGU, NGU, GGUU! (RINGHIO..... ALLA PROSSIMA!)".

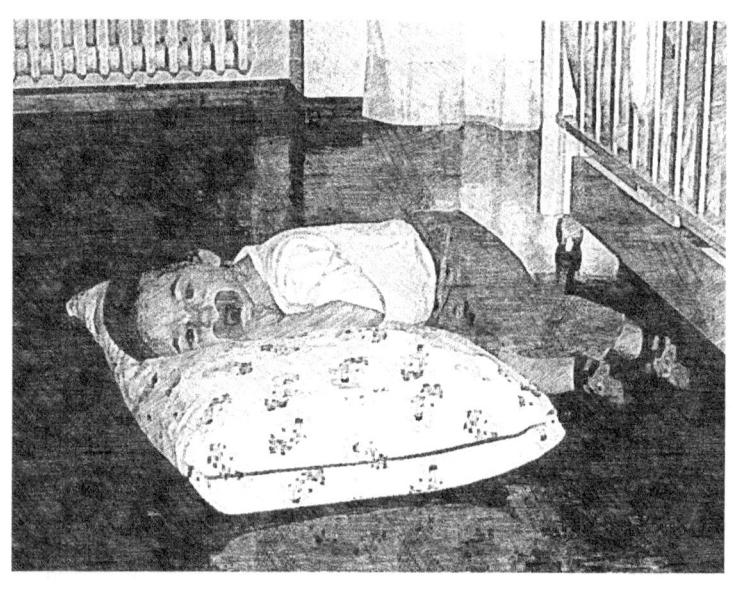

BAGIGIO NEL REGNO DELLA FANTASIA

COME SI SA, LA MAMMA ED IL PAPÀ DI BAGIGIO ERANO DUE PERSONE PERBENE. PERSONE A MODO, ABITUATE A MANTENERE LE PROMESSE. E FU COSÌ CHE UN GIORNO, CONCESSERO ALLA SIGNORINA OFELIA DI TRASCORRERE UNA PARTE DEL POMERIGGIO IN COMPAGNIA DEL LORO PICCINO. PER L'OCCASIONE LA SIGNORINA OFELIA NON STAVA IN SÉ DALLA GIOIA ED IMPAZIENTE SI ERA ATTENTAMENTE PREPARATA. INFATTI, LA NOSTRA AMICA AVEVA IDEATO DI TRASCORRERE IL TEMPO A SUA DISPOSIZIONE AL PARCO GIOCHI, DOVE INFATTI SI DIRESSE, TRIONFANTE PER LA CONSAPEVOLEZZA DI AVERE CON SÉ IL BAMBINO PIÙ BELLO DEL MONDO.

GIUNTI A DESTINAZIONE, IL NOSTRO EROE VOLLE PROVARE A SALIRE SU UNA GIOSTRINA A SEGGIOLINI, CHE POTEVA ESSERE FATTA GIRARE IN TONDO, E VENNE ACCONTENTATO, GIRANDO PIANO PIANO PERCHÉ NON SI SPAVENTASSE, MA POTESSE AL CONTEMPO GUARDARE I BIMBI INTORNO A LUI, LE RISPETTIVE MAMME E TUTTI GLI ALTRI GIOCHI DA UNA PROSPETTIVA DIVERSA E CONTINUAMENTE MUTEVOLE AL SUO GIRARE.

LA SIGNORINA OFELIA ERA FELICE DELLA FELICITÀ DI BAGIGIO E PROTESA AD ACCONTENTARE OGNI SUO DESIDERIO; COSÌ, QUANDO IL BIMBO SEMBRÒ ESSERE PRONTO PER ALTRE ESPERIENZE, COLSE AL VOLO IL DESIDERIO E LO FECE SCENDERE, TENENDOLO PER LA MANINA IN MODO DA DARGLI LA POSSIBILITÀ DI

INCAMMINARSI LIBERAMENTE VERSO L'ATTRAZIONE CHE DESIDERAVA.

ED EGLI SCELSE UN PICCOLO SCIVOLO. CON GRANDE SERIETÀ SALÌ LA SCALETTA CHE LO PORTAVA AL CULMINE DELLA GIOSTRA, DOVE LA SIGNORINA OFELIA LO AIUTÒ A SEDERSI E LO SEGUÌ NELLA DISCESA. LUI NON GRADÌ MOLTO L'INTERVENTO, PERCHÉ AVEVA OSSERVATO GLI ALTRI BAMBINI E SAPEVA QUINDI PERFETTAMENTE COSA FARE E COME FARLO; MA DA BAMBINO SAGGIO QUAL ERA, NON LO DIEDE A VEDERE, CONSAPEVOLE CHE GLI ADULTI SONO COSÌ PERMALOSI!

DOPO QUALCHE DISCESA, SICURO DI SÉ PIÙ CHE MAI, BAGIGIO VOLLE TENTARE ADDIRITTURA L'AVVENTURA DELL'ALTALENA, GETTANDO LA SIGNORINA OFELIA NELL'ANSIA PIÙ TOTALE. FORTUNATAMENTE, LA FANCIULLA EBBE MODO DI TRANQUILLIZZARSI QUANDO CAPÌ CHE AVREBBE POTUTO SPINGERE IL SEGGIOLINO CON POCA FORZA, ELIMINANDO QUALSIASI PERICOLO. L'ESPERIENZA PIACQUE MOLTO AL PRINCIPINO, CHE SI MISE A RIDERE DI GUSTO, PERCHÉ STACCARSI DALLA TERRA E VOLARE ERA PROPRIO DIVERTENTE, TANTO CHE VOLLE RIPETERLA PER PARECCHIO TEMPO.

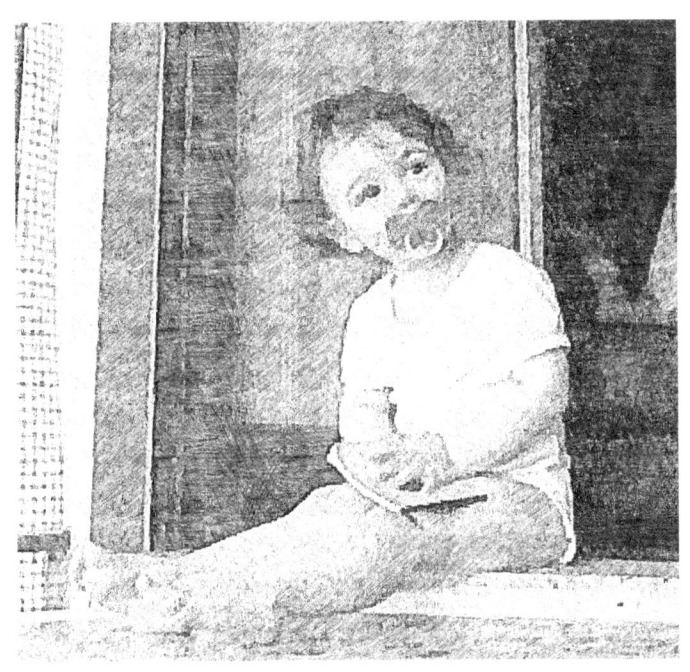

TUTTE LE EMOZIONI CONSEGUENTI LE NOVITÀ E LE SENSAZIONI VISSUTE, MISERO A BAGIGIO UNA FAME TREMENDA, COSA CHE PERMISE ALLA SIGNORINA OFELIA DI METTER MANO ALLA BORSONA CHE AVEVA PORTATO CON SÉ, COLMA DI PRELIBATEZZE PREPARATE CON TANTO AMORE, PER FESTEGGIARE UN GIORNO SPECIALE.

IL BIMBO RESE ONORE A UNA FETTA DI TORTA DI MELE SOFFICE SOFFICE ACCOMPAGNATA DA UNA CENTRIFUGA DI ALBICOCCHE, IL SUO FRUTTO PREFERITO, E NON POTÉ RESISTERE DI FRONTE AI DUE PANINI MIGNON ALLA MARMELLATA.

LA SIGNORINA OFELIA SORRISE E DISSE: "CERTO CHE ASSOMIGLI MOLTO AL TUO PAPÀ! E' UNA VERA SODDISFAZIONE VEDERTI GUSTARE LA PAPPA, GRAZIE!"

BAGIGIO, FAVORITO DALL'ABBONDANTE MERENDA E DALL'ENERGIA SPESA NELLO SPERIMENTARE LE NUOVE AVVENTURE, SCIVOLÒ IN UN SONNO RISTORATORE.

DOVETE SAPERE CHE QUANDO UN BIMBO FA LA NANNA, VIENE CULLATO DA UN ANGIOLETTO CHE LO PROTEGGE E LO GUIDA NEL MONDO DEI SOGNI, DOVE C'È SEMPRE UNA FAVOLA CHE LO ASPETTA.

COSÌ, BAGIGIO VIDE IL SUO ANGIOLETTO VENIRLO A PRENDERE PER MANO ED ACCOMPAGNARLO NEL REGNO DELLA FANTASIA, DOVE POTÉ VIVERE UNA SPLENDIDA AVVENTURA. SOGNÒ DI SALIRE SU UN AEREO PICCOLO PICCOLO, COSTRUITO APPOSTA PER LUI, SUL QUALE VOLÒ DALLA TERRA ALLA LUNA PARECCHIE VOLTE, DIVERTENDOSI UN MONDO A COMPIERE MIRABOLANTI ACROBAZIE GIRANDO SU SE STESSO. DECISE POI DI ATTERRARE SULLA LUNA, DOVE TROVÒ UNA SCALA LUNGHISSIMA SU CUI VOLLE SALIRE, PER RAGGIUNGERE UNA STELLA TANTO BELLA E LUMINOSA, CHE DECISE DI PORTARLA CON SÉ PER REGALARLA ALLA MAMMA.

PER NON PERDERE IL PREZIOSO BOTTINO, (SI LASCIÒ LIBRARE NELL'ARIA ED ATTERRÒ PLANANDO), CON LA STELLA BEN STRETTA FRA LE MANI. PLANÒ SU UN TERRENO SOFFICE MENTRE SCOPPIAVA IN UNA RISATA SONORA PER IL DIVERTIMENTO.

PRIMA DI RISALIRE SUL SUO VELIVOLO PERSONALE, BAGIGIO NOTÒ UN'ASTRONAVE PARCHEGGIATA LÌ VICINO E PENSÒ "QUANDO MAI POTRÀ RICAPITARMI UN'ALTRA OCCASIONE COSÌ?"; ALLORA VI SALÌ E MISE IN MOTO SENZA ESITAZIONI, COME DEL RESTO UN PILOTA DELLA SUA ESPERIENZA POTEVA PERMETTERSI DI FARE.

FECE DIVERSI GIRI INTORNO ALLA TERRA, CHE GLI PARVE STRANA VISTA DALL'ASTRONAVE, E GUARDÒ LA LUNA DA UNA PROSPETTIVA NUOVA, CHE TROVÒ DAVVERO INTERESSANTE, DOPODICHÉ DECISE DI DAR RETTA AD UNA STRANA SENSAZIONE CHE PARTIVA DALLO STOMACO E SCESE DALL'ASTRONAVE.

COMPRESE COSÌ CHE SI TRATTAVA DI UN LANGUORINO, ED AVVICINANDOSI L'ORA DI CENA, NON POTEVA TARDARE E LASCIARE TUTTI IN ANSIA, QUINDI RIPRESE IN MANO LA STELLINA E LA POSE CON DELICATEZZA ALL'INTERNO DEL SUO AEREO PERSONALE, SUL QUALE RIPRESE IL VIAGGIO DI RITORNO.

ARRIVÒ IN UN POSTO BELLISSIMO, PIENO DI LUCE E DI FIORI PROFUMATI, DOVE L'ANGIOLETTO LO ASPETTAVA PER RIACCOMPAGNARLO FUORI DAL REGNO DELLA FANTASIA, SEMPRE TENENDOLO PER LA MANINA.

L'ANGIOLETTO LO BACIÒ E LO SALUTÒ CON UN SORRISO, MENTRE BAGIGIO SI RISVEGLIAVA TRA LE BRACCIA DELLA SIGNORINA OFELIA CHE, GUARDANDOLO INCANTATA, GLI SCHIOCCAVA UN GRANDE BACIO DI BENTORNATO.

"PRINCIPINO, HAI FATTO UN BEL RIPOSINO, VERO? HAI UN'ESPRESSIONE COSÌ SERENA! SEMBRI UN ANGIOLETTO!"

BAGIGIO EVITÒ DI SPIEGARE COSE CHE UN ADULTO NON RIESCE A CAPIRE E, DEL RESTO, NON ERA NEANCHE SBAGLIATO IL PENSIERO CHE OGNI BAMBINO È ANCHE UN PO' ANGIOLETTO. SI RISTORÒ CON UN BEL SUCCO DI CAROTA (NON SO SE L'AVRETE CAPITO, MA ULTIMAMENTE LA SIGNORINA OFELIA HA LA FISSAZIONE DEI CENTRIFUGATI DI FRUTTA) ED I NOSTRI EROI SI PREPARARONO AL RITORNO A CASA.

VIAGGIARONO IN MACCHINA COL SOTTOFONDO DELLA MUSICA PREFERITA DA BAGIGIO, SU CUI LA SIGNORINA OFELIA CANTICCHIAVA ALLEGRAMENTE, E QUANDO ARRIVARONO ALLA CASA DI MAMMA E PAPÀ, TOCCÒ A BAGIGIO L'ONORE DI SUONARE IL CAMPANELLO.

FURONO ACCOLTI CON GRANDE GIOIA E IL PICCOLINO VENNE STRAPAZZATO DI COCCOLE DALLA MAMMA E PORTATO IN TRIONFO DAL BABBO, MENTRE LA SIGNORINA OFELIA RACCONTAVA LE AVVENTURE DEL POMERIGGIO, NANNA COMPRESA.

"HA DORMITO BEATO, SORRIDENDO COME SE FOSSE STATO IN POSTI MERAVIGLIOSI. PENSATE CHE HA TENUTO STRETTO STRETTO NELLA MANINA UN BISCOTTO A FORMA DI STELLA, PIENO DI CONFETTINI ARGENTATI" DISSE LA SIGNORINA OFELIA, CHE NON SAPEVA DI AVER COLTO NEL SEGNO.

BAGIGIO TESE LA MANINA VERSO LA MAMMA E LE MOSTRÒ IL SUO REGALO SPECIALE.

LA MAMMA LO ABBRACCIÒ FORTE FORTE E DISSE, A FATICA PER L'EMOZIONE E CON GLI OCCHI LUCIDI: "GRAZIE. E' PIÙ BEL REGALO CHE ABBIA MAI RICEVUTO!"

BAGIGIO LE POSE LA TESTA SU UNA SPALLA E PENSÒ: "COME SONO FORTUNATO AD AVERE LA MAMMA PIÙ BELLA DEL MONDO!"

Indice

BARBARA CAMILLI
349 8325901
BARBARA.CAMILLI@PSICOLOGIA-UTILE.IT

DIEGO MARCHESIN
335 7405612
INFO@PSICOLOGIA-UTILE.IT

CI TROVATE ANCHE SU FACEBOOK ED INSTAGRAM

IN COLLABORAZIONE CON
ASSOCIAZIONE PSICOLOGIA UTILE
WWW.PSICOLOGIA.UTILE.IT

SI RINGRAZIA LA SIGNORINA OFELIA (C.T.)

www.ingramcontent.com/pod-product-compliance
Lightning Source LLC
Chambersburg PA
CBHW060359290526
45791CB00002B/568